DISCLAIMER

The author and publisher are providing this book and its contents on an "as is" basis and make no representations or warranties of any kind with respect to this book or its contents. The author and publisher disclaim all such representations and warranties, including but not limited to warranties of merchantability. In addition, the author and publisher do not represent or warrant that the information accessible via this book is accurate, complete, or current.

Except as specifically stated in this book, neither the author nor publisher, nor any authors, contributors, or other representatives will be liable for damages arising out of or in connection with the use of this book. This is a comprehensive limitation of liability that applies to all damages of any kind, including (without limitation) compensatory; direct, indirect, or consequential damages; loss of data, income, or profit; loss of or damage to property; and claims of third parties.

Extra Graphic Material From: www.freepik.com
Thanks to: Alekksall, Starline, Pch.vector, Rawpixel.com, Vectorpocket, Dgim-studio, Upklyak, Macrovector, Stockgiu, Pikisuperstar & Freepik.com Designers

This Book Comes With Free Bonus Puzzles
Available Here:

BestActivityBooks.com/WSBONUS20

5 TIPS TO START!

1) HOW TO SOLVE

The Puzzles are in a Classic Format:

- Words are hidden without breaks (no spaces, dashes, ...)
- Orientation: Forward & Backward, Up & Down or in Diagonal (can be in both directions)
- Words can overlap or cross each other

2) ACTIVE LEARNING

To encourage learning actively, a space is provided next to each word to write down the translation. The **DICTIONARY** allows you to verify and expand your knowledge. You can look up and write down each translation, find the words in the Puzzle then add them to your vocabulary!

3) TAG YOUR WORDS

Have you tried using a tag system? For example, you could mark the words which have been difficult to find with a cross, the ones you loved with a star, new words with a triangle, rare words with a diamond and so on...

4) ORGANIZE YOUR LEARNING

We also offer a convenient **NOTEBOOK** at the end of this edition. Whether on vacation, travelling or at home, you can easily organize your new knowledge without needing a second notebook!

5) FINISHED?

Go to the bonus section: **MONSTER CHALLENGE** to find a free game offered at the end of this edition!

Want more fun and learning activities? It's **Fast and Simple!**
An entire Game Book Collection just **one click away!**

Find your next challenge at:

BestActivityBooks.com/MyNextWordSearch

Ready, Set... Go!

Did you know there are around 7,000 different languages in the world? Words are precious.

We love languages and have been working hard to make the highest quality books for you. Our ingredients?

A selection of indispensable learning themes, three big slices of fun, then we add a spoonful of difficult words and a pinch of rare ones. We serve them up with care and a maximum of delight so you can solve the best word games and have fun learning!

Your feedback is essential. You can be an active participant in the success of this book by leaving us a review. Tell us what you liked most in this edition!

Here is a short link which will take you to your order page.

BestBooksActivity.com/Review50

Thanks for your help and enjoy the Game!

Linguas Classics Team

1 - Antiques

```
A I R E L A G S R D E C E N N I
K S V V F X Q E E W C P C M S V
S I T N E M I T S E V N I O T E
S R B A Z F C N T U T M L N I C
S C U L T U R A A Q N O L E L C
I T L W A T W G U I S B E T E H
K H U Q Q I E E R T W I I E S I
U F C G T L D L A N X L O A C A
P I E M D O B E Z E À I I Q R X
À W S Q B S B K I T O S G E Z T
Y I À U T N Q R O U Z Z E R P A
P K M A W I W F N A R L V O E B
A A X L E C B U E T N W I L Z I
K A V I D E C U R A T I V A H W
E O P T B T W U D À W T F V R U
E A F À S X H K N G K V T À P À
```

ART
ASTA
AUTENTIQUE
SECULU
MONETE
DECENNI
DECURATIVA
ELEGANTE
MOBILI
GALERIA

INVESTIMENTI
GIOIELLI
VECCHIA
PREZZU
QUALITÀ
RESTAURAZIONE
SCULTURA
STILE
INSOLITU
VALORE

2 - Food #1

```
B C V U W N N O S L E Z F K T A
A A À U M N G A T T O R A C U G
S N H B À L T L Z D E P G N R Z
I N S T I V O L I Q N D N G N I
L E G M F C L U T T O R I T I Q
I L S À L B E W À Q M F O O P F
C L H M A A R A C H I D I N S R
A A À B T L T Q U X L K E N A A
S U C U T L P A Z O Z R O I L G
N X A W E O E E L H Y U X B E O
I L C Q M P R I C A N I P S S L
A K M F X I A Y W B S Z Y P K A
À R O D F C À U B X V N Z C A R
A L B I C O T U Q T E I I S M P
P Q À Q X D À S F N Q R I L P H
Z U C C H E R U A M G N D V R H
```

ALBICOTU
ORZO
BASILICA
CAROTTA
CANNELLA
ALLU
SUCU
LIMONE
LATTE
CIPOLLA

ARACHIDI
PERA
INSALATA
SALE
ZUPPA
SPINACI
FRAGOLA
ZUCCHERU
TONNI
TURNIP

3 - Measurements

```
K X C M B P L A M I C E D I G N
I U E R E V M U D A R G N E R C
L V N O T S E Q N U N C I A A P
O M T Z X V S U M G T X O C M R
G E I U E X L A I H H T F P W O
R T M L U P H C N I L E I E A F
A R E F I B N K U Y A E Z Y W U
M U T D À T U V T Q R E H Z M N
M G R B N T R Z U Z G F L À A D
A Q E T L A T E R D H K N L Z U
Z T N N À K E N N F E B Z G Z L
U C A S K Q M A X R Z A P V E Y
K K K D A N O S E P Z B E B T R
Q A S H F P L Y K Q A B E G L N
A X U Y P F I À T T C M W H A R
À B M D V K K X I S C B Y T E H
```

BYTE
CENTIMETRE
DECIMAL
GRADU
PROFUNDU
GRAM
ALTEZZA
INCH
KILOGRAMMA
KILOMETRU

LUNGHEZZA
LITRE
MESSA
METRU
MINUTU
UNCIA
TON
PESO
LARGHEZZA

4 - Farm #2

```
A N W I D V N M C F P D A I A V
R P F S P F E R À V R R F W G D
T M I G D À T G I À A Y R A R V
A E S O M G R B E V T D U G I E
N W O Z N A A N A T U U T N C I
A H W R C E T L R R A Z T E U R
À I N O I Q T L S S N L A L L R
F L A T T E O A Z S X O E L A I
R A O W V V R M A B S R U T G
U M K N L F E A N R C O R N O A
T I R I I N T P E C U R A M R Z
T N V V Z Y K X C O R A U F E I
E A N X U A Z K N B F A G O Z O
M S Z X H C L H N F L Z K L M N
V A M K R À Z À Y U R B C X H E
T Y G D G M P A F D H C E S P T
```

ANIMALI	AGNELLU
ORZO	LLAMA
BARN	PRATU
APIONE	LATTE
CORN	FRUTTE
ANATRA	PECURA
AGRICULATORE	TRATTORE
FRUTTA	VEGETALE
IRRIGAZIONE	FRU

5 - Books

```
K À M L U C I T S I R O M U S Z
A P P E N P O V M W V V S P B P
W G À T A À S L E V O N Z Y B A
M K A T R A T W L E A C A W W G
X C P E R V O I À E R O T U A I
E À W R A V R P L Q C C E L P N
P U C A T E I E H A Z T D D K A
I O L R O N C P K W U N I W X C
N D E I R T A I S E P D T O K O
V P R M E U T C V M W S N Q N N
E N O V A R R A B G K T S U R T
N F T Z G A X Q E U R O V R Q E
T C T R E L E V A N T R W À S X
I Z E Y R U À M P A C I G A R T
V P L S C R I T T A G A M V H I
U O H U C N Y P C C P Q K G F I
```

AVVENTURA	NARRATORE
AUTORE	NOVEL
COLLECTION	PAGINA
CONTEXT	POEMA
DUALITÀ	PESIA
EPICA	LETTORE
STORICA	RELEVANT
UMORISTICU	STORIA
INVENTIVU	TRAGICA
LETTERARI	SCRITTA

6 - Meditation

```
S L M À À C M Q T L P I Q I F N
I D O M A C O M P A S S I O N A
L E V I T C E P S R E P A X I T
E E I Z U À C G E N I T À M F U
N S M S M C A E T N E M F W P R
Z I E Z S H B Y T I R A L C A A
I I N O I Z O M E T G G O P C E
O A T S V E G L I U A X I L E N
Y X U M U S I C A T S Z N E N O
R E S P I R A Z I O N E I T V I
C M E N T A L E P Y H X D O N Z
Q A G R A T I T U D E H U D N N
Z F L B P E N S A R I L T Z I E
K H I M I R U R N I Z Y I U N T
Q D A B E Y Q Z F À V K B À K T
Y X À Z À P Y X Q Z L N A K E A
```

ACCETTAZIONE
ATTENZIONE
SVEGLIU
RESPIRAZIONE
CALME
CLARITY
COMPASSION
EMOZIONI
GRATITUDE
ABITUDINI

GENITÀ
MENTALE
MENTE
MOVIMENTU
MUSICA
NATURA
PACE
PERSPECTIVE
SILENZIO
PENSARI

7 - Days and Months

```
D B U T A B A S M Z Y F M E F L
L F J Z P D B C C A O Q E P P I
P I H S R O M P L O R M S W T F
S L G E I U À A W Q N C E D A N
G H A R L N F B V Z M H U N N A
F E N B E R B O T T O A W R K R
C K N M S E Y W P D S K R Y I P
L A I E O W G Q D M O A P T M Q
Z F J V E N N A R I Z C S H I G
N U H U O S C S E T T I M A N A
W À G N N J L R D O X N F Z E E
L U N I P I H E R B M E T T I S
K L M A R Z U G G R R M Z U Q Z
L U G L I U F B C G U U T M D M
C A L E N D A R I S P D A Z U B
F E B B R A I U T S O A L W L W
```

APRILE

AOSTU

CALENDARI

FEBBRAIU

VENNARI

GHJINNAGHJU

LUGLIU

MARZU

LUNI

MESE

NUVEMBRE

OTTOBRE

SABATU

SITTEMBRE

DUMENICA

GHJOVI

MARTI

MARCURI

SETTIMANA

ANNU

8 - Energy

```
E R C M C G F I B O D N E R A À
N I A O A N I B R U T A N O O W
T N R T R A P N A F L B I X K T
R N B O B M O E I R A E L C U N
O O U R U B L L R D V U O R N V
P V R E R I L E T I R O S F O E
I A U A A E U C S N N O A Q T N
A B L S N N T T U R M Y G S O T
V I L I T T I R D L G A E E F U
G L O N E E O O N T O I T R N M
L E À Y L C N N I V T U F O W U
B A T T E R I A B P A I U L C H
I N F E S I G N F G F P V A P T
N E S P E C P F A H L T O C B Q
E L M C I E L E C T R I C R M N
À K U A D G N W U Y B B C T E X
```

BATTERIA	IDROGENU
CARBURU	INDUSTRIA
DIESEL	MOTORE
ELECTRIC	NUCLEARI
ELECTRON	FOTONU
ENTROPIA	POLLUTION
AMBIENTE	RINNOVABILE
CARBURANTE	VAPORE
GASOLINE	TURBINA
CALORE	VENTU

9 - Chess

```
G H E Q I E E A K V R I R L O S
O L Y X S X F V F F I E È R Z T
G A M E C O N C U R S U G R V R
T N O A O F C T W L P P L E L A
S O C E R O T A C U J M E I T T
A G T O R N E O M S U E X N T E
C A P A S S I V U P S T T A O G
R I O N U T T T C R I X E B À I
I D Z D S G N Q N G V O Q N N A
F U A I R T U L A M V H N E E D
I D V Q T S P Q I G A I Y E R I
C W N C G Y K G B Q L S V P U F
I U R E T S P P À B Z T M B U C
O L Y U A B H K G N X O D À V P
B M M K H L U Z N T B O P E M W
L C S B T W V R M X T T M Y O I
```

NERU
CAMPIONE
CONCURSU
DIAGONAL
GAME
RE
L'AVVISU
PASSIVU
JUCATORE

PUNTI
REINA
RÈGLE
SACRIFICIO
STRATEGIA
TEMPU
TORNEO
BIANCU

10 - Archeology

```
S V A L U T A Z I O N E A À O Y
M C N K A O G G E T T I V L X P
I W U T Z P Z R Y L R À O À R W
N U R E T S I M O K V T Z N Q N
T T Y D O O T K R I L I S S O F
I R E O E A Y O Z N Q H E C C O
C E A T U I C S O N O C S P D F
A P R B N Z R S D A R I M Z E W
T S E O U P M E T Y L T C B S A
U E Q T S I N B M O W N L O C N
A F P K A S G U Y K A A M L E A
Z W N C Z Z E S Q U A D R A N L
K R K Y X I S F K P Y E H L D I
T A M B U O N A U Q I L E R A S
D D E C I R T A C R E C I R N I
F P Z C M P A S C Z P R H V T W
```

ANALISI	OGGETTI
ANTICHITÀ	PRUFESSORE
OSSE	RELIQUA
DESCENDANT	RICERCATRICE
ERA	SQUADRA
VALUTAZIONE	TEMPU
ESPERTU	TAMBU
SMINTICATU	SCONOSCIUTA
FOSSILI	ANNI
MISTERU	

11 - Food #2

```
C Z E F D C M H A T D D À Z G F
V E L R F R A B R O C C O L I U
R O L U G I H R G À Q V L G F N
Q A N E N C B A C F À U L N U G
O E U M R E C N Y U D L O M R H
P E S C I Y K I X N C A P C M I
A R L B C U I G O S V U V R A N
L A T C H Y W R C C R D T À G U
M T B G E L I E M V C C W A L C
À R W T R G W B Q F K O V V I G
U U C U R M B L À N À U L U U S
P G B M Y À N A N A N A B A Q À
T O M A T E T L A Z L E V Q T M
G Y H U I P C G N C H R Z D L A
N A P P L E Y W D N Y G O K A A
O S B L B P T O W H U S T E E Q
```

APPLE

CARCUCUTA

BANANA

BROCCOLI

CELERY

FURMAGLIU

CHERRY

POLLO

CIOCCOLATA

OEU

L'ALBERGINA

PESCI

UVA

HAM

KIWI

FUNGHI

RICE

TOMATE

FRU

YOGURT

12 - Chemistry

```
S W L C W E L A S P D Y S Q K X
F K H T H M N E L E C T R O N A
E N I K W L W Z Q W L K B A S K
A T O U D H O F I C X G Q T X R
C G N C K G S R E M H V B K Y Q
A L U C E L O M U N E G I S S O
R T E M P E R A T U R E U A D I
B H E F Y A I S A G P E S O B D
U L I Q U I D O L C A P A G A R
R M A G B À D D K O I U L À Z O
U À O À À O S X A U U M N W C G
N U C L E A R I L À X N O D R E
B D T S T R Y B I H I O V T R N
X I X Y D P B G N S D M U M A U
U C G Q T À S E E R O L A C C A
C A T A L I Z Z A T O R E P B R
```

ACIDU
ALKALINE
ATOMICA
CARBURU
CATALIZZATORE
CHLORU
ELECTRON
ENZIME
GAS
CALORE

IDROGENU
ION
LIQUID
MOLECULA
NUCLEARI
OSSIGENU
SALE
TEMPERATURE
PESO

13 - Music

```
M W A Z Z E N B À C S W N M O E
K U G A G P M G K S Z E B M N C
C Z T W U Z E R V O F B À F N L
Y D C Q X N P M U X R R Q A S E
M U B L A C O T N E M U R T S T
L E À W A A E F R I T M I C A T
E I L A L N T Z O B A T A Q R I
R N R O U T I G E R L I Z N E C
O D V I D A C D A Q C R T E P U
T R A A C I A U R À S I T Z O X
N P À O U A A N D K N K M S K P
A R M O N I C A R B C O R U À À
C L A S S I C A I N O M R A I Y
M U S I C A N U M U S I C A L E
B H R E C O R D I N G S M Y S Z
H Z À Z B A L L A T A K P P I D
```

ALBUM	MICROFONU
BALLATA	MUSICALE
CORU	MUSICANU
CLASSICA	OPERA
ECLETTICU	POETICA
ARMONICA	RECORDING
ARMONIA	RITMU
STRUMENTO	RITMICA
LIRICA	CANTA
MELODIA	CANTORE

14 - Family

```
V M A H B D F P Y N M Q À O M M
À L X F A I Z A L L E R U S A A
G L C R B V Q T R B G I L U M M
C W U E B F P R K À B À H U M M
H U G F O V H U N R À O B H O A
I T G N N E L A N R E T A M N F
À R V I E T O P I N W P B C E I
B A C V N R À M G Z D L B H H G
C M P G Q U T A I C N A U L K L
K I M O G L I A Z I U A O T R I
X W D F R A T E L L U H F Q Y O
X À K E G C Z P D Q A Q G N C L
P I N Z L Q K W Y G L D H N I A
E Y K R K L F C L E T H C P K L
À F E Q D L U U R Q I C A S Q A
E U P K Y À G F L À C À U Y A B
```

ANCIATU
ZIA
FRATELLU
CIDELLU
L'INFANZIA
CUGINU
FIGLIOLA
BABBU
BABBONE

MAMMONE
NIPOTE
MARTU
MATERNALE
MAMMA
PATRU
SURELLA
ZIU
MOGLIA

15 - Farm #1

```
M Q T Q M R L I D B À L P C E X
E C A N I Y W L C U Z G V O A B
L C C E T N A Z Z I L I T R E F
E N N S U M E R U I W U F V W Y
P O F E S E M I P U P U X U N Z
R A P E F K D Y H O Z F C L R V
B N B B C X V W N Y L V Y L I N
L U E B K P A M D U V L Z A C P
F R K I V L C A C Q U A O V E Z
I P N F E X C L K V I T W A F N
E A L K W T A A A F S M T C A T
N C D D I Q I V I C E L L U U H
O O P M A C B B C Y F H K W O C
À Z S Q B C O B Y T I A L Y R T
A G R I C U L T U R A Y U G F W
N A V W B P M D Z F U T N À A Q
```

AGRICULTURA	FENCE
APE	FERTILIZZANTE
BISON	CAMPO
VICELLU	CAPRUNA
CAT	HAY
POLLO	MELE
VACCA	CAVALLU
CORVU	RICE
CANI	SEMI
SUMERU	ACQUA

16 - Camping

```
U I Q M U L D Y L R P O F Z X Q
W Z L M A A N U L W P U C U A Q
S T Y O T G N A T U R A I E R B
T X T U S O Q N E E W P X Z U C
M S E M E M G I V F C V À C T Q
À P N W R Y P B P A M L W O N N
K Q D S O X I A A P Z A Z C E R
K E A I F U N C R D I D P R V F
C T M A R B U R I Y U R Z P V Q
O A N G A T N O M C K O O Y A L
M H C F A I F M P Z H C Y C O P
M U T C E S N I S Z T C D Z A A
A H X C I D N B D X Z P V E U T
H F P G W A L O S S U B H K Q À
X Z D X À T S K H A G À G V P À
A N I M A L I F P V H U P N L I
```

AVVENTURA
ANIMALI
CABINA
PIROCA
BUSSOLA
FEU
FORESTA
FUN
HAMMOCK
HAT

CACCIA
INSECTU
LAGO
MAPPA
LUNA
MONTAGNA
NATURA
CORDA
TENDA
ARBURI

17 - Algebra

```
Q Y P C U M S À C L E S Q G W M
U À G Z X A Q À S I T O K I C A
A M E L B O R P I N A L F B Q T
N O I Z A R F À N E C U A N S R
T M K L H D U M F A I Z L E T I
I G R A F I C A I R F I S S U C
T Z S G D M S O N I I O E P S E
À Q E N D S W E I G L N P O T O
Z T R R O O E À T H P E I N R F
F F R M U U R M U N M L Y E A O
E Q U A Z I O N E G E P F N Z R
H B N Y F M T C X À S R M T I M
N P R M H U T E O C R O A E O U
O G À A M M A R G A I D À P N L
Y S V W M A F Q M Q L D W K E A
Y V A R I A B L E X C W D Q À X
```

DIAGRAMMA
EQUAZIONE
ESPONENTE
FATTORE
FALSE
FORMULA
FRAZION
GRAFICA
INFINITU
LINEARI

MATRICE
NUMRU
PARENTESI
PROBLEMA
QUANTITÀ
SEMPLIFICATE
SOLUZIONE
STUSTRAZIONE
VARIABLE
ZERU

18 - Numbers

```
Q V M E X S D Q U A T R E Q D G
T D H À Y M E O M À C O U T U U
L Y K O X W Q D D E À N Q R E P
D D F B X M Y L I E S V N E F E
N N F V I H R L Q C C Z I B E W
Y W D E C I M A L U I I C B P À
G P R T E C G X A T I T X A Y H
T R A T D E M U Z T W N V D L U
T S H E R D L Y D O L E D Y Z T
S F A S O L T D M U N V Z I P T
D F C A T G I D D F G Q B M C O
O V O X T Q H C H K R M O A Y I
D I C I A N N O V E Q F R Q S C
U L M Q U N E H V T R E D E C I
N B A W Q N O V E C C F Y X X D
U D I C I A S S E T T E Q X R O
```

DECIMAL
OTTU
DICIOTTU
QUINDICI
CINQUE
QUATRE
QUATTORDECI
NOVE
DICIANNOVE
UNU

SETTE
DICIASSETTE
SEI
SEDICI
DECI
TREDECI
TRE
DODECI
VENTI
DUE

19 - Spices

```
N S Y R V A N I L L A G G G N G
A T A L L O P I C À P C U R R Y
N B L P W S T I F K B X N G Y À
I D V H O U N M E X L I I I I K
S F B O B R C V N K W P M N S W
E C L U D A E Y U A S U U G U Y
V G E E R Q M Z G L À A C E C N
N E Y U A I O Z R L D T L R O C
Q M B V Y M M K E U F W B E R Z
F T D Z V Z A P C R A U N S I I
F U U Q I U D A U A R L N H A B
Y N N F T Y R P X M Q K L A N K
D U H C U N A R F A Z V W Z D F
À P U G U E C I R O C I L O R Q
R G D W F L H C R F L M V Y A Y
H F N S V À O A L L E N N A C P
```

ANISE	ALLU
AMARU	GINGER
CARDAMOME	LICORICE
CANNELLA	NUTMEG
CORIANDRA	CIPOLLA
CUMINU	PAPRICA
CURRY	ZAFRANU
FUNCULO	SALE
FENUGRECU	DULCE
SAPORE	VANILLA

20 - Universe

```
A O S L À K T A R U J H G U B C
T X O O T D E E S V À H P E O E
M A L R U I Q N L T I I C N D L
O S S I N À U K Y E R Q F O H E
S T T Z K X A N U L S O K I I S
F R I O X A T I R L D C N T Q T
E O Z N S S O D F I R L O O X E
R N I T F T R M I N P A N P M B
A O U E Q E E X D N Q T V Z I E
K M G B U R R P U R P I I O S U
K I W Y D O L A U À G T S D Y O
H A O H A I X A L A G U I I V W
H E D H D D P V E O A D B A L I
D F U V W E M A I U S E L C V V
O R B I T A B P C C O O E À R A
C O S M I C A I E M I S F E R U
```

ASTEROIDE	L'ORIZONTE
ASTRONOME	LATITUDE
ASTRONOMIA	LUNA
ATMOSFERA	ORBITA
CELESTE	CIELU
COSMIC	SOLARE
BUGHJURA	SOLSTIZIU
EQUATORE	TELESCOPIU
GALAXIA	VISIBLE
EMISFERU	ZODIAC

21 - Mammals

```
C B H F B X Q X W M C W B V T C
K Q Q Z G A R U C E P A K F O A
F P Y F A D L L N H C E T N B N
F Q À E Z Q L E T N A F E L E G
Y Z L I I M U P N G I X T F N U
Z E B R A V B R O A M O O O O R
C C O N I G L I U D M C Y X E U
S A U L L Z A X R E I A O G L M
U O V O E B C V O L C N C W X C
E F F A R I G O T F S I Y B V C
À B R L L F C F S I À A H U U À
C E Z L E L B Z A N S Q O N U E
T C B I G M U W C U B B L P G X
D T À R D L P F P F À T Y D C B
Q P C O R S U C R K V A U W Y X
X H B G B U L Q T X B O R T E T
```

ORSU
CASTORU
BULL
CAT
COYOTE
CANI
DELFINU
ELEFANTE
FOX
GIRAFFE

GORILLA
CAVALLU
CANGURU
LEONE
SCIMMIA
CONIGLIU
PECURA
BALENA
LUPU
ZEBRA

22 - Fishing

```
B A R C A P M D P C I H S T G D
M X P C Y E A Z N A U Q C A A O
C E S T A S S Y N P C A W A N B
L C N P K O C Z L K D I I E C A
S A L O I Y U N A E C O E G I I
P Q G P I Y L G I L L I Y N O T
I X G O P G A O S N A F V Q Z Z
A E N O I Z A R E G G A S E C A
G M F U G K W T M I G Y C K U V
G U I À A V G O S V A M G H C A
I I L E L U U P D W B Y G Q I W
A F U R T S I S M Z G U T S N À
E Q U I P A M E N T E P S P A D
Y F Y D V U Q G N D B X Q G W X
M T U N V T G A X I N G K H E S
P R Q À H E B X I M O I R B R P
```

BAIT
CESTA
SPIAGGIA
BARCA
CUCINA
EQUIPAMENTE
ESAGGERAZIONE
GILLI
GANCIO

MASCULA
LAGO
OCEANU
PACIENZA
FIUME
STAGIONE
ACQUA
PESO
FILU

23 - Bees

```
L S G C P T W P M V W F V X F B
T Q A F P S P G I R E I N A I E
T Q F Z U B F E E A N B C R O N
L P S M E M M C U C N À I Y R E
O P E Z Y N À O B M A T S S I F
E R O I F V N S À Z Y I E X G I
L Z U U R Q L I À B V S R B D C
O O Z R C H P S S N G R O A Q I
S G D T X D M T X E I E T W H U
S W H H P Z E E E C A V A P G K
E I A À A U L M M A R I N C Y K
K W R R Z O E A A R D D I C I Z
U G E O M X K U L À I I L M N B
U T C E S N I X I E N E L L O P
F R U T T A M A M R O Z O K À D
G L D Z H I Z U K F K G P P Z S
```

BENEFICIU
FIORE
DIVERSITÀ
ECOSISTEMA
FIORI
FRUTTA
GIARDINO
MELE
INSECTU

PIANTE
POLLENE
POLLINATORE
REINA
FUMÀ
SOLE
SWARM
CERA
ALI

24 - Sports

```
F O L E G T W A J S G F G C D K
À A W E U Q C F U F G A I F M Q
Y T D M R P O S C I Q C M O V T
T E N N I S A F A Y R À G E K S
B L K E B N C À T Q G L I C R N
I T R C N A H U O B À R N H F Z
G A F L O G S T R P P G N M V A
Y U X H D H K E E A R D A U Q S
O M P Y O S Y Y B T C O S I G B
C A M P I O N A T A O E T D I R
B I C I C L E T T A L C I A N D
B A S K E T B A L L R L C T N Q
R M P O V A R B I T R U A S A A
B X N Z V I N C I T O R I D S U
M O V I M E N T U K D Z Z R I D
P F K B U P K D H Z F D F V U N
```

ATLETA	GINNASTICA
BASEBALL	HOCKEY
BASKETBALL	MOVIMENTU
BICICLETTA	JUCATORE
CAMPIONAT	ARBITRU
COACH	STADIUM
GAME	SQUADRA
GOLF	TENNIS
GINNASIU	VINCITORI

25 - Weather

```
R F À W M W V I A C Y V E U À T
S E C C A R L R N L M B Y R E O
N D U R A G A N U O Z B N Y U R
G M T D B K L C U U S V X F O N
G U N U Q S P À M D V N I Y N A
Z L E L T E M P E R A T U R E D
A N V U K T C E P S Z G N M L U
R T S M M E U I O U Z Z O Z A X
S M M I K P H V L N E D R X B O
G Q N O S T O Z A E R R T S O A
L A H B S A X N R B B T I M C W
C I E L U F M A I B F E Z K R C
Z V G X I P E A F I T B D H A B
M T D I X À E R L A C I P O R T
A S I C C A T A A K L V I R L O
I T E M P E S T A C L I M A Y S
```

ATMOSFERA
BREZZA
CLIMA
CLOUD
A SICCATA
SECCA
NEBBIA
URAGANU
ICE
LUMI

MUNSON
POLARI
ARCOBALENO
CIELU
TEMPESTA
TEMPERATURE
TRONU
TORNADU
TROPICAL
VENTU

26 - Adventure

```
Q G M G N Q C I R W T U D P U O
N A I B A O H À O A G B À U M I
E Z T O R C A R U T A N T D S À
W Z P T I E N O I Z A G I V A N
X E X R I A C P D M U W N D I W
Q R B F E V E N O I S R U C S E
Q U C A X P I D Q C E M T P U I
C C R T L K A T Q I N E R E T T
M I V Q V E Y R À M U C O R N I
X S V P Z X M T A A B N P I E N
C U R V A G E T I Z V X P C Y E
D I F F I C U L T À I D O O H R
I N S O L I T U X N W O G L F A
D E S T I N A Z I O N E N U O R
U N G D P B W A Z Z E L L E B I
F P A D X A R S X H W G C À B K
```

ATTIVITÀ
BELLEZZA
CURVAGE
CHANCE
PERICOLU
DESTINAZIONE
DIFFICULTÀ
ENTUSIASMU
ESCURSIONE
AMICI

ITINERARI
GIOIA
NATURA
NAVIGAZIONE
NEW
OPPORTUNITÀ
PREPARAZIONE
SICUREZZA
INSOLITU

27 - Restaurant #2

```
Z A D Z P R P I R A T T U R F T
K U I E L A S Y N X O À P W S M
G Q P Q L I Q A À L R N W À F E
V C Z P M I Z I P S T B T E P Q
K A R Q A S C K Q Y A N E C R H
P P O Z V G S I L E G U M I A M
P U I S O G Z V O Y A W V P N N
C A M E R I E R R S R W P T Z W
V N I C P O A T A L A S N I O I
V A D Y M D I E L X I I V K Q À
C P U G O L D W L L H D Z R L W
C X E R A L E T E W C Y A H N A
M U E S F H S M C P C I G Y O R
W G U N C M L D R Z U A Y A O Q
X D I K A I V F O G C N L K D X
I G À E S P A A F T À E U S H Q
```

TORTA	PRANZO
SEDIA	INSALATA
DELICIOSA	SALE
CENA	ZUPPA
OVA	SPIZI
PESCI	CUCCHIARA
FORCELLA	LEGUMI
FRUTTA	CAMERIER
ICE	ACQUA

28 - Geology

```
Y R E I P Z I E Z I A C C W G À
K L U A À C Z L R B F R H W Z T
S A L E T I T C A L A T S D H N
C P C V A K H M C V R X E N Z C
A K E N O I S U R E A D À D L D
V S U T O M R E T P L A T E A U
E D F K R E S Y E G A W P Z V T
R S R A A A R O K C M C X M V N
N W A E C O R A L R I V I B O E
A Z C I C L I E À I N U L D M N
S T R A T O I M H S E L I Z U I
Q R X A D A B X L T R C S M I T
T A Z Y V Z W X E A A A S Y C N
K U G I P A Z H V L L N O X L O
B Q P F K A I D F L I O F S A C
W R R Y I M W I G I V P M O C S
```

ACIDU	GEYSER
CALCIUM	LAVA
CAVERNA	STRATO
CONTINENTU	MINERALI
CORAL	PLATEAU
CRISTALLI	QUARTZ
CICLI	SALE
TERMOTU	STALACTITE
ERUSIONE	PETRA
FOSSILI	VULCANO

29 - House

```
L R G E M W A X D W P M B M V M
U A I C C O D L U U H I Q I L U
N L M U H O V L O W T L A W V R
E A H P C H B A W N U I P N O U
S S K G A N I C U H B O K O A
T G T D K D I E O D V O C U Q L
K L A D Q M A T F K U M S R T T
G I A R D I N O G A R A G E C E
C I T T A B F I T E T T U C H N
A V M G Y H N L A K I R E N I D
M Q L I A U Y B I P B Y H E A A
I R À O I Q I I O A O N Z F V I
N N C K F K E B U U N R Q S I N
A O T S P E C C H I U S T S R E
F I N E S T R A À U C O N A M Q
C F T S B L M M B O K I O U G À
```

ATTIC	CHIAVI
SCOPA	CUCINA
TENDAINE	LAMPADA
PORTA	BIBLIOTECA
FENCE	SPECCHIU
CAMINA	TETTU
PIANO	SALA
MOBILI	DOCCIA
GARAGE	MURU
GIARDINO	FINESTRA

30 - Physics

```
I U A Q C F N A X P C G I M A U
O F O R M U L A M À S S R A T F
W N B W V G À U C T T R A G O K
A C C E L E R A Z I O N E N M H
Z P M M K Z D Q Z S M Z L E U U
N A R E R O T O M N E I C T X N
E R E A S L H Z L E C P U I I I
U T L F C S X A I D A M N S K V
Q I A D Q H A G A S N I D M S E
E C T L X L A C I M I H C U H R
R U I M U D N O R T C E L E Q S
F L V B Q C H I S C A P A A S A
À A I N N H E V E L O C I T À L
L K T K Z H M L R O M E N S R E
G Q À B Z P X W O D O D B A L L
V E L O C I T Y A M T Z U M S S
```

ACCELERAZIONE
ATOMU
CHAOS
CHIMICA
DENSITÀ
ELECTRON
MOTORE
FORMULA
FREQUENZA
GAS

MAGNETISMU
MESSA
MECANICA
MOLECULA
NUCLEARI
PARTICULA
RELATIVITÀ
VELOCITÀ
UNIVERSALE
VELOCITY

31 - Dance

```
G C U L T U R A L I H K A L Z I
G R E N T R A P T V P O V X Q À
D I A C I S S A L C N P V K I F
R L I Z M C O R E O G R A F I A
W S W G I F F B R D À O P P E I
T À P K U A R U T L U C O R S M
T R A D I Z I O N A L E S O P E
R U T N E M I V O M À Q T V R D
A P I Q R V U M T I R U U A E A
F W X Q Z A L S E V A Q R K S C
E M O Z I O N E I C Y E A L S C
K G M F F W F O K C F V À D I A
A O A E Z P S C X L A U S I V I
X Y À A T C R S P D O C Z C E R
Q F P A T Y K N B V P Q R S Z O
N I M R X D Q U L R I K Z B X À
```

ACCADEMIA
ART
CORPO
COREOGRAFIA
CLASSICA
CULTURALI
CULTURA
EMOZIONE
ESPRESSIVE
GRAZIA

GIIGU
MOVIMENTU
MUSICA
PARTNER
POSTURA
PROVA
RITMU
TRADIZIONALE
VISUAL

32 - Colors

```
M M C U R U F H O R Y M M A T P
A T N E G A M H W T K F A B U A
R E P M D A E Q U À M F D F R R
R G O C E R S E E V Z H T U C A
O H S C U B E R O S A C F C H N
N J O X D P G V À N B Q R H I C
E A R P X B Z C C F L B K S N I
B L P D S F V D X X B T Z I U U
À L U R U Z A À C Y E E U A F E
C U R S Z Y Z F W W K X I U H R
A Q P N S E K Q C C Y Z G G C Z
L A U Y B O P I Y Z Y C S H E X
H Q R Q N E R U A P I Z I U B N
Y N A L O I V G N A S B R X G Q
À X B B I A N C U W W G G D B V
F X C O P Q M H E R D B S C O Y
```

AZURU	MAGENTA
BEIGE	ARANCIU
NERU	ROSA
TURCHINU	PURPURA
MARRONE	ROSSU
CYAN	VIOLA
FUCHSIA	BIANCU
VERDE	GHJALLU
GRISGIU	

33 - Climbing

```
C A S C U Z Z G Y A Z E W Q O F
Y M T P F U G S X O F K I B H O
L X O C Z S V S Q V W U L M Q R
E P O V A T M O S F E R A F F M
G Q D I E T W X O U G F V O K A
F I S I C A U G U A N T I E C Z
S À C B C Z T G N S P N T Y A I
M T P A R R R I E M L W S Z M O
A I A V V O E V R D M U X D M N
P S U B N F P K P E D I U G I E
P O X M I Y S G D À F R L O N C
A I E T I L E S T R E T T U A A
Z R S X E N I D U T I T L A T V
E U S D D M U T O Z S O B W A E
À C R B S P E T À V T V T K T I
H B F T A W S Y G Y V X S Z A S
```

ALTITUDINE
ATMOSFERA
STIVALI
CAVE
CURIOSITÀ
ESPERTU
GUANTI
GUIDE
CASCU

CAMMINATA
FERITA
MAPPA
STRETTU
FISICA
STABILITÀ
FORZA
FORMAZIONE

34 - Shapes

```
G L H H C H R M À S V O V K F Y
I B Q À U N O C S R X I Q X B K
D A I A R D A U Q C P T O Z O M
D L A G V A F V X Q L C P E R T
T A H I E E L L I P S E M S D R
O V A L E D R C I R C U L U I I
Z D I R D I F E D I M A R I P A
S K M P I S E B T F E M H N D N
X Z À P E Q N A À T E Z D V Q G
T O C O P R X V A U A V W N O U
À H T L G R B V B X T N Q O A L
H U L I I F I O M D M V G I R U
T F P G A U S S L Y P E B U C C
X C D O R K W H M A E N I L L P
U R D N I L I C S T Z X L C C U
D T R E N R O C U U R O V K B C
```

ARC	LINEA
CIRCULU	OVALE
CONU	POLIGONE
CORNER	PRISM
CUBE	PIRAMIDE
CURVE	RETTANGULU
CILINDRU	SIDE
BORDI	QUADRA
ELLIPSE	TRIANGULU
IPERBOLA	

35 - Scientific Disciplines

```
T F O U N I W H N U Y A Z D A M
A E X K À E M Z C Y À C K À R I
Y A R A M Y U C H I M I C A I N
D H P M B B M R L Z D T B I G E
C E F O O S P W O W O S U M C R
G C B I E D A V C L H I Y O I A
A O I S S B I D C C O U Q T N L
S L O O H I G N I O B G A A E O
T O C C G B O I A F C N I N S G
R G H I E I L L W M Z I S A I I
O I I O O O O S O A I L E D O A
N A M L L L E W V G D C À Q L T
O M I O O O H D A C I N A T O B
M D C G G G C F E M B A Q W G F
I P A I I I R G Z G M R Q Z I C
A M X A A A A C I N A C E M A X
```

ANATOMIA
ARCHEOLOGIA
ASTRONOMIA
BIOCHIMICA
BIOLOGIA
BOTANICA
CHIMICA
ECOLOGIA
GEOLOGIA

CINESIOLOGIA
LINGUISTICA
MECANICA
MINERALOGIA
NEUROLOGIA
FISIOLOGIA
SOCIOLOGIA
TERMODINAMICA

36 - Science

```
S  C  I  E  N  T  I  S  T  U  S  C  F  Q  R  D
À  O  C  M  G  U  U  Y  T  M  G  H  L  V  F  A
G  R  A  V  I  T  À  M  M  I  M  V  Z  I  À  T
S  O  I  P  O  T  E  S  I  N  E  E  X  F  M  A
P  E  L  O  C  E  L  O  M  E  T  Z  O  H  I  A
E  Z  U  T  Z  E  Y  I  O  R  U  W  F  X  B  C
R  A  C  I  M  I  H  C  R  A  R  U  T  A  N  I
I  O  I  F  R  S  D  S  O  L  A  T  O  M  U  S
M  C  T  O  S  O  P  L  R  I  F  A  T  T  U  I
E  V  R  S  À  A  T  I  U  H  W  L  S  H  À  F
N  R  A  S  X  M  I  A  A  S  P  S  H  E  G  O
T  L  P  I  H  P  À  R  R  N  V  B  À  W  G  V
U  Q  U  L  H  K  Z  F  R  O  T  V  C  N  M  Z
G  U  H  I  D  Y  N  I  O  M  B  E  À  F  S  F
E  V  O  L  U  Z  I  O  N  E  F  A  L  A  K  F
H  U  R  G  A  N  I  S  M  U  L  X  L  N  B  Z
```

ATOMU	LABORATORIU
CHIMICA	METU
CLIMA	MINERALI
DATA	MOLECOLE
EVOLUZIONE	NATURA
SPERIMENTU	URGANISMU
FATTU	PARTICULI
FOSSILI	FISICA
GRAVITÀ	PIANTE
IPOTESI	SCIENTISTU

37 - Beauty

```
M U Q Q T Y L E L C P Q C C K I
L A T S I L I T S U X F O H L E
H T S F I T T E S S O R S A P A
A B À C C U R L I T G A M R D R
O O P M A H S D Z I R G E M A P
E S L N W R U D I T A R T M C E
R L P M O F A A V U Z A I X I L
O D E E C K T H R I I N C X N L
L H H G C V Z Q E S A Z I O È E
O L À T A C P B S C S A I X G L
C R W K C N H P P I C I B R O F
N K M A X E T I U L H E W L T T
F T P W Z Z H E U H H Q E V O S
M P I M A E L E G A N Z A K F C
H V S K D V N B U D Y K V T T R
À W P S B B B Y K Y À À E E M E
```

CHARM	CUSTITUISCI
COLORE	MASCARA
COSMETICI	SPECCHIU
CURLI	FOTOGÈNICA
ELEGANZA	FORBICI
ELEGANTE	SERVIZI
FRAGRANZA	SHAMPOO
GRAZIA	PELLE
ROSSETTI	STILISTA

38 - Clothes

```
G C L G K W K X E E Z A S G À S
I S B I I H U F L T V Y L F V W
F Z M H U R A N N O G Q M G O E
Y O V M N H S T P T N T G V Z A
I U U F G K U E A G I A C C A T
L S D L U R L L N M W D R V I E
S B R V A V B E T G C O E Q C R
O K A Q P R Q C A B G M C H I O
G I D L R E D A L P I G I A M A
I U N T A Y J R O D V B Y P A R
D Y A L C Y E B N F I U U Y C U
C F R N S À A F I L A D N A S T
S N G B T O N G I O I E L L I N
C O A T E I S V E S T I T U A I
À R C F À R A A Z Y Z W D P V C
E B G T C O U D D L G G F H F I
```

GRANDARDU
CINTURA
BLUSA
BRACELET
COAT
VESTITU
MODA
GUANTI
HAT
GIACCA

JEANS
GIOIELLI
PIGIAMA
PANTALONI
SANDALI
FOULARD
CAMICIA
SCARPA
GONNA
SWEATER

39 - Ethics

```
X U N W F O O O L R R S E B C B
C À P Z M L U K R Y R E H E X X
I O A S N T Q N I R O L A V D G
R N M D S R S X S À T I N A M U
T E T P X N O G P T Q B G D O F
O N A E A A Z N E I C A P I T I
L M R L G S S D T N R N D P T L
E O I X I R S R T E L U I L I U
R C N W W S I I U G H I G O M S
A X V Z R L M T O S R G N M I U
N S À S V Z O U À N K A I A S F
C À T I L A N O I Z A R T T M I
E D S A L T R U I S M U À I U A
À I E A S A V I Z Z A D T C H D
Z A N O S A R U T A R E P U C À
C X O Y T E I U B N L Z O H K U
```

ALTRUISMU
COMPASSION
CUPERATURA
DIGNITÀ
DIPLOMATICU
ONESTÀ
UMANITÀ
INTEGRITÀ
GENITÀ
OTTIMISMU

PACIENZA
FILUSUFIA
RAZIONALITÀ
REALISMU
RAGIUNABILE
RISPETTU
TOLERANCE
VALORI
A SAVIZZA

40 - Insects

```
C A E B R U S A V Q T Y I N À G
G I E S R I A P E I O O P L Z R
R B C B E C W E R B O Y R U O U
A T U A E L F F M X C M K G F D
S Z Z T D K À H E N C I I U H L
S F B E S A L L A F R A F S K A
H C F M O S Q U I T O I I T G R
O A L L E N I C C O C R O A Z V
P F D O G C U T I M R E T A W A
P Y H Y D A T B N C O D T N A H
E H D X N P T W M A M I Q T S W
R D O Z C V A B H V M A Z F P Q
W À S D V X B D E V U U P Z S B
L I B E L L U L A S R N O H N L
P P Y Y V Q B F G M R R O D I D
S C A R A B E L L A Z U F B H D
```

ANT
APHID
APE
SCARABELLA
FARFALLA
CICADA
BATTU
LIBELLULA
FLEA

GRASSHOPPER
COCCINELLA
LARVA
LUGUSTA
MANTIS
MOSQUITO
TERMITU
WASP
VERME

41 - Astronomy

```
A O R W M M S M U H C O V U R T
I S B X K À G X C A I D O Z N E
X W T S W Z C T X T E K C O R R
A C K R E F D I B N L U X I O R
L I C M O R H G A N U L O K I A
A L U B E N V A S T R O N O M E
G Z L R H Z A A À Q Y F I A R S
N U O H H M Y U T H A X U S A U
D V G Y B A G T T O X W Q T D P
P I N W V Y A F S A R P E E I E
C I S A T E L L I T E I S R A R
O U A M E T E O R O S E U O Z N
S L S N Y Z M K P X R Z N I I O
M Q M Z E S H C V À Q Z A D O V
O F S Z H T E C L I P S E E N A
S E N O I Z A L L E T S O C E L
```

ASTEROIDE
ASTRONAUTA
ASTRONOME
COSTELLAZIONE
COSMOS
TERRA
ECLIPSE
EQUINOX
GALAXIA
METEOR

LUNA
NEBULA
OBSERVATORIU
PIANETA
RADIAZIONE
ROCKET
SATELLITE
CIELU
SUPERNOVA
ZODIAC

42 - Health and Wellness #2

```
O C A M A L A D I A I D Q N C L
I Y Q U W I À C N A L P À E A O
X R S I O U M Q U À L M N Z L S
V I T A M I N A T E I D M Q O P
U S E N O I Z A R E P U C E R I
M D A H R E E C I X H I C U I T
A L C N C P G I Z V G N I A E A
S A N U G V N T I K F G L N I L
U Q S E F U N E O S E P A A N U
M G B T C D E N N O W B P T F O
O A G S R V A E E L A C P O E R
R Q N Q Q E I G I E N E E M C R
E Y S D V C S Z O A H G T I T X
E N E R G I A S O K K B I A I Q
A L L E R G I A H C H S T V O W
M A S S A G G I U U W V U B N K
```

ALLERGIA	L'OSPITALU
ANATOMIA	IGIENE
L'APPETITU	INFECTION
SANGUE	MASSAGGIU
CALORIE	UMORE
DIETA	NUTRIZIONE
A MALADIA	RECUPERAZIONE
ENERGIA	STRESS
GENETICA	VITAMINA
SANU	PESO

43 - Disease

```
I  R  I  M  T  K  A  C  I  N  O  R  C  U  B  C
M  S  N  B  F  E  I  G  R  E  L  L  A  O  U  U
M  F  F  R  À  L  R  L  D  U  B  T  R  N  O  N
U  D  L  N  Z  A  O  A  U  R  O  C  P  R  S  T
N  E  A  B  C  I  T  W  P  M  À  A  V  I  S  A
I  U  M  O  N  R  A  G  À  I  B  T  O  R  E  G
T  R  M  A  I  E  R  C  M  X  A  A  P  A  Y  I
À  T  A  T  T  I  Q  M  H  D  S  R  T  G  O
E  M  Z  E  B  C  P  I  Q  E  M  A  O  I  E  S
R  B  I  A  D  A  S  F  N  L  T  U  C  D  N  U
K  C  O  S  L  B  E  X  Z  E  E  C  N  E  E  L
T  B  N  A  G  G  R  G  X  M  G  O  F  R  T  B
R  L  E  L  M  L  S  I  N  D  R  O  M  E  I  E
Y  L  C  U  U  À  A  U  E  F  T  G  T  A  C  D
E  A  I  T  A  P  O  R  U  E  N  À  O  A  A  F
U  Q  C  E  L  A  N  I  M  O  D  B  A  À  P  Y
```

ABDOMINALE	EREDITARI
ALLERGIE	IMMUNITÀ
BACTERIALE	INFLAMMAZIONE
CORPO	LUMBAR
OSSE	NEUROPATIA
CRONICA	PATOGENI
CUNTAGIOSU	RESPIRATORIA
GENETICA	SINDROME
A SALUTE	TERAPIA
CORU	DEBLU

44 - Time

```
Y C D N H E U Z E R Y Q K V Q P
Y H U D A Q B C C P P R V D À U
E D Q E T C I D U N R O J H G X
Y K T C W S E E T H E A D G P B
N F F E V C R A T W S G A A M V
E F A N G A I X N Y T G L W F S
Z A M A P R À O P N U Y X P U G
G I R A D N E L A C U F B X T K
V U T U N I M Z R R Y A K X U K
C N U L A E I W O N O R L Q R N
N R I U N O T T E A P I V E U Y
S O X C Z O V H K N R T G P L C
Y I X E X T I O B Z I O V T O À
S Z P S A N N U V U M G N N T A
Z E M E S E O S Q L A G X B À F
P M C L O C K A N A M I T T E S
```

ANNUALE	MINUTU
NANZU	MESE
CALENDARI	MANE
SECULU	NOTTE
CLOCK	MEZIORNU
GHJORNU	PRESTU
DECENA	OGGI
PRIMA	SETTIMANA
FUTURU	ANNU
ORA	IERI

45 - Buildings

```
S U P E R M E R C A T U A L P U
O T V À C E H Y B K N F M O Z N
C L K G F P H Z K W F O B S L I
D T M B P O F S H V A O A P A V
C A S T E L L U O M B S S I B E
V N R À À H K T T U R C C T O R
A I I M À W V N E S I U I A R S
B B A E F A X E L E C O A L A I
G A M E N I C M U U A L T U T T
I C R M U I D A T S C A A F O À
K I E N G Z V T À S S I À F R D
B T F I F C U R T A E T M E I T
H L U I R O T A V R E S B O U O
T E N D A S X P X R U L X L G R
A L Y T M G B P D N F G H À A R
P D D U Q I À A R U O À M P Z E
```

APPARTAMENTU
BARN
CABINA
CASTELLU
CINEMA
AMBASCIATA
FABRICA
FERMA
L'OSPITALU
HOTEL

LABORATORIU
MUSEU
OBSERVATORIU
SCUOLA
STADIUM
SUPERMERCATU
TENDA
TEATRU
TORRE
UNIVERSITÀ

46 - Gardening

```
B O U Q U E T P S U F I O R E T
S Z E P E H N R E I M C I R C E
T T Q K A Y L L Y S F I C E H R
A U Q C A F Z V N P K L D N G R
G À M A N G I B L E T A S I E A
I E Q Z W À N À X T V R D A T N
U C I T O S E I F C D O O T T À
N V U G W K À B F Y À L V N U I
A C B B Y À E D Q E Y F G O R C
L F B O U I Q E H E V F F C F V
E M L U T U L O X P P O V T F B
S E M I R A M I L C P G U V F À
O M V B I X N H S V À L I K P E
H X W G D T Z I G H O I A C S S
T T U V B X M M C O M A K Z N H
C O M P O S T A T A T L N S Y W
```

FIORE
BOTANICA
BOUQUET
CLIMA
COMPOSTA
CONTAINER
DIRT
MANGIBLE
ESOTICU

FLORALI
FOGLIA
HOSE
UMIDITÀ
FRUTTE
STAGIUNALE
SEMI
TERRA
ACQUA

47 - Herbalism

```
A H P R F P B E N E F I C I U L
R O I Q Q R R V A L L U H R A A
O À A T E E P O E F D R T A Y V
M Q N À E T I W S R L T D N M A
A L T E T R R Z L M D C O I U N
T C A W N O S V D D A E Y L R D
I G U N E M O K D S S R V U G A
Q F X C I U H H B X T F U C I T
U W I G D L Z A F R A N U À U A
E C L O E U L M K L W P À P N R
R T R K R L A E D L X M S L A R
O Y K P G E O N I D R A I G S A
P G A F N Q R T Y Q À À G U K G
A V R M I Y M A C I L I S A B U
S R N T G N W H P M P H N K M N
O R E G A N U F U N C U L O G M
```

AROMATIQUE
BASILICA
BENEFICIU
CULINARI
FUNCULO
SAPORE
FIORE
GIARDINO
ALLU
VERDE

INGREDIENTE
LAVANDA
MURGIUNA
MENTA
OREGANU
PRETROMULU
PIANTA
ROSMARU
ZAFRANU
TARRAGUN

48 - Vehicles

```
V À S K F U H Y B U N K B E I C
K K I A Ò K Z R K I G B Q M U Z
T R E N I X S R A F T L A V D A
O A Y A V V B C I D I V F E C M
W C U V A Y I Y O B C F E T E G
T Y A A F P C D L O I Y R R R O
B C N R C M I X A T T R R A O K
B A I A K F C K I H A E Y T C Q
O Z R C A N L B H A M T R T K U
B N A C G V E U T N U P K O E Y
E A M M A V T S W C E O B R T F
À L T E O R T E M M N C N E N Y
À U T N R T A V W A P I B G O U
G B O F E N O I M A C L U S F V
X M S F Y G N R H U K E H A G P
D A L F W Z B N E E M H V A H H
```

AVIÒ
AMBULANZA
BICICLETTA
BARCA
BUS
CAR
CARAVANA
FERRY
HELICOPTER
MOTORE

RAFT
ROCKET
SCOOTER
SOTTMARINA
METRO
TAXI
PNEUMATICI
TRATTORE
TRENI
CAMION

49 - Health and Wellness #1

```
R L F M H A E N I D U T I B A C
E F A U S B W E L L E P X K X F
F V R S T L V R S U R I V F M A
L B M C B K P V G S A U X N N M
E U A O A M I I U F O G Q R Q E
X B C L T R E L A X A Z I O N E
A Q I I T Q R X O R M O N I S U
F L A K E A O W F E I H À F K Y
B U T W R B T L B M Y V M R E W
Z Y I E I À T R À S D P I A X N
A M Z U Z V E U X S Y À D T I M
O Y U W Z Z D R A F T E I T T S
I X O B D L A X Q K I Z C U X A
T R A T T A M E N T U R I R E À
T E R A P I A G À R M H N E B L
U C L I N I C A G M O C A A V P
```

ATTIVI	MIDICINA
BATTERI	MUSCOLI
OSSE	NERVI
CLINICA	FARMACIA
DETTORE	REFLEX
FRATTURE	RELAXAZIONE
ABITUDINE	PELLE
ALTEZZA	TERAPIA
ORMONI	TRATTAMENTU
FAME	VIRUS

50 - Town

```
B K N G S C U O L A M E N I C U
A E Z A T S I R O I F B V S U N
N H W L E T O H V S V O E K T I
C O A E O R À M L N E V P A A V
A X I R L R U G A H A Z Y I C E
A H R I V Y À V L U H M O À R R
B E E A C I N I L C S T O R E S
A I R E N A N A P M À S F S M I
T P B O M T A M L Y M N A T R T
E X I L P U T A C R E M R A E À
A G L I I O S A N X Z U M D P O
T B W U P O R E P M I G A I U B
R O U A P Z T T U Z P M C U S A
U T W R O T A E U B À G I M D T
I À Y K Z W G P C L G A A X Q K
U À Z P H O X X P A F S C A O Q
```

AEROPORTU
PANANERIA
BANCA
LIBRERIA
CINEMA
CLINICA
FIORISTA
GALERIA
HOTEL
BIBLIOTECA

MERCATU
MUSEU
FARMACIA
SCUOLA
STADIUM
STORE
SUPERMERCATU
TEATRU
UNIVERSITÀ
ZOO

51 - Antarctica

```
C O N T I N E N T U Y Y M R A T
M I G R A Z I O N E Y K N I M O
Z E H C I F I T N E I C S C B P
P N C X L V S Y Q V P O A E I O
À O Y I L P U F U A E R C R E G
T I N O E E L N S C N U Q C N R
E Z L N C H E T P H I C U A T A
M A U À C N O S E H N S A T E F
P V I D A X S V D L S U V R H I
E R R F M M S B I D U G T I N A
R E A I A G K A Z Y L Y B C Z K
A S I X U R S R I Q A A P E B H
T N C D G L G I O L X T P À A P
U O A T K M Q O N K S B M E Y O
R C L R F U W A E P O W L T P C
E N G G A W L M D G Z B O O Z O
```

BAY
ACCELLI
NUVI
CONSERVAZIONE
CONTINENTU
CAVE
AMBIENTE
SPEDIZIONE
GEOGRAFIA
GLACIARI

ICE
ISULE
MIGRAZIONE
PENINSULA
RICERCATRICE
ROCKY
SCIENTIFICHE
TEMPERATURE
TOPOGRAFIA
ACQUA

52 - Ballet

```
À E C G B C A K H T N Y D W P G
À V B C A V O R P A C I T A R P
F G I P L R E G K F B Z A M À A
A D H E L I T S K Q P I C B H I
H A Q Z E H B S P K T D L Q D G
I B M Y R A N S E R S A Z I Y N
K A L E I E K Y A H E O Z Y T I
I S U A L P P A N X C S G Y F À
Q F M R O M U S I C A R S S R A
S Z T U C I T S I T R A O I P Z
Y À T I S N E T N I À B I K V N
V S F Z U T S E G R I T M U H E
P H U A M T E C N I C A U T D I
Z L Y R C O R E O G R A F I A D
À D C G W F Y T K S K C D K B U
N Z C O M P O S I T O R E A B A
```

APPLAUSI
ARTISTICU
AUDIENZA
COREOGRAFIA
COMPOSITORE
BALLERI
ESPRESSIVE
GESTU
GRAZIU
INTENSITÀ

MUSCOLI
MUSICA
ORCHESTRA
PRATICA
PROVA
RITMU
HABILITÀ
STILE
TECNICA

53 - Human Body

```
B O C C A W R K F L O L T C M D
R D C À L E C K N A C S Y O S I
F O F P U S S A N V C A À L K T
P C G M C Z W U P V S C Z L A E
C H F G S U M H L V D H I U N X
Y W I Z A Q A X O L E G V A C U
N K G Y M M N S P A L L A H H U
W K C H V T U I C O L A V C I C
E S S O P T C X A W E R F C L C
U T E E À W T K D R P A W E L H
G H J I N O C H J U B C P R A I
N N V X I W L S T Y T G O O O N
A U M I H F H F E Y Y N E R U B
S B P B K À Z D S T C R U A U E
À T U V T E G N T F V I L N E K
I I Q Q H Q P F A F X F R X U R
```

ANCHILLA	TESTA
SANGUE	CORU
OSSE	MASCULA
BRAIN	GHJINOCHJU
CHIN	LEG
ORECCHA	BOCCA
CODO	COLLU
FACCIA	NASSU
DITE	SPALLA
MANU	PELLE

54 - Musical Instruments

```
W O O Y C G U I T A R R A U B B
A I P B L V S U Z T P G G H Z Z
D U F M A S T W V T E I K N H F
U C B F R K V Y Y E H Y A E K R
M P P O I G V Q X B I L B N P T
L P Z B N A U U S M M W M O O G
T N E Q E H R O U O L C I B J O
F A G U T U U M I R O E R M N N
A N M B T B B E O T O L A O A G
G I F B E E M T F N E L M R B F
O L Z V O Q A X A C I O D T L I
N O C K B U T U R Y I C B G X W
F D Z Z O V R E P R L M A U Y B
O N I L U I V I A V P D L Z S B
X A D W R Q B E N O F O X A S Z
H M M I Y O D E Y E T U L F R G
```

BANJO
FAGON
CELLO
CLARINETTE
TAMBURU
FLUTE
GONG
GUITARRA
ARMONICA
ARPA

MANDOLINA
MARIMBA
OBOE
PIANO
SAXOFONE
TAMBOURINE
TROMBONE
TROMBETTA
VIULINO

55 - Fruit

```
A L B I C O T U N I Q C B F F F
B K E G O E N V E S Y H K X U M
B À E R R G F T C X K E L P P A
I A V Z S C À B T S E R O C À A
I F W P Q M A U A B K R F I G W
Q L G M N A O I R C L Y M W O M
O L E F T À P H I Z S W G I G F
E E I L B R À I N O L E M K E P
Z T U N O C O C A D U U P X N D
P E V A V U E P B A N A N A O O
G G A R M X N E L C S C L W M H
D U M A N G O R E O P A P A I A
E W A À A L P A Q V Z B N S L D
U B D V W V M B O A Q H K A Y R
H P Z A A P A À Z Z W K Q S N Y
C U L X A G L X E D W Y X R I A
```

APPLE	KIWI
ALBICOTU	LIMONE
AVOCADO	MANGO
BANANA	MELONI
BACA	NECTARINA
CHERRY	PAPAIA
COCONUT	PESCA
FIG	PERA
UVA	ANANAS
GUAVA	LAMPONE

56 - Engineering

```
W N S C V W N À A Z R O F N P D
D W T D I E N O I S L U P O R P
I I G G A N A R G N I D Y N O D
U D A M Z B À N R I V X V B F I
Q I M G A E R T E M A I D U U S
I E I M R C T F N A M E N F N T
L S S K C A H Q E R O T O M D R
S E U O D Z M I S D M À U S U I
T L R C I X T M N O L M À K L B
A C A B I N N T A E L G N A U U
B V Z D O U C E F U E K M D C Z
I U A R U T T U R T S D Y Z L I
L R C S F R C T I O N R V P A O
I S P O S V V B U G K R M D C N
T L W F R E W E B E I U Y M F E
À C U S T R U Z I O N E L N P M
```

ANGLE	FRCTION
ASSE	INGRANAGGI
CALCULU	LIQUID
CUSTRUZIONE	MACHINE
PROFUNDU	MISURA
DIAGRAMMA	MOTORE
DIAMETRE	PROPULSIONE
DIESEL	STABILITÀ
DISTRIBUZIONE	FORZA
ENERGIA	STRUTTURA

57 - Government

```
S  À  M  C  I  T  T  A  D  I  N  A  N  Z  A  U
Y  T  N  O  I  S  S  U  C  S  I  D  H  S  S  E
P  R  A  Z  N  E  D  N  E  P  I  D  N  I  T  L
C  E  I  T  Y  U  S  R  U  C  S  I  D  L  T  Z
N  B  Z  P  U  U  M  Q  B  S  S  U  V  K  V  U
A  I  I  O  F  I  Z  E  M  F  I  À  O  R  P  V
T  L  T  L  I  H  R  E  N  O  I  Z  U  T  I  C
U  V  S  I  C  B  S  L  À  T  I  L  A  U  G  U
R  Q  U  T  A  I  Z  A  R  C  U  M  E  D  S  M
A  C  I  I  P  U  K  I  C  I  V  I  L  E  I  D
L  I  G  K  R  R  X  Z  Y  H  M  R  L  I  M  X
X  E  X  A  N  A  Z  I  U  N  A  L  E  L  B  A
À  Z  G  Q  N  H  H  D  C  Q  I  C  B  A  O  W
U  R  Q  G  C  M  V  U  A  À  X  Q  C  F  L  H
W  X  A  U  E  U  N  I  P  S  O  S  M  G  U  E
I  K  H  G  D  I  R  G  M  O  I  À  Z  L  U  L
```

CITTADINANZA
CIVILE
CITUZIONE
DEMUCRAZIA
DISCUSSION
UGUALITÀ
INDIPENDENZA
GIUDIZIALE
GIUSTIZIA
LEGGE

LIBERTÀ
MONUMENTU
NATURA
NAZIUNALE
PACIFU
POLITIKA
DISCURSU
STATU
SIMBOLU

58 - Art Supplies

```
Z C N I Z Z A P S E E S E D I A
P B C M D K R C A E T L G K L I
G O V G I A E U R D T S O À T P
C L A Y A M M O G I E À G X A Z
W C A H U T A L W R L I N L B A
I T R P Q H C Q Y U L I U Y E K
N S T E C O F V X L A N C Q L D
D V S D A A Y O M U V T A U L P
N L U W T T C V P C A A F I A C
F K I H E N I T V K C L M L T G
P C H T D X E V H T À L L O R C
Y K C G D G N Z I D Z K O O A Z
F K N F S V F K S T E X U A C V
R R I M B S C K C W À X W V B Q
A C Q U A R E L L I F L P U H L
Z N U I O G N N Y B M A T I T I
```

ACRILICU
SPAZZI
CAMERA
SEDIA
CLAY
CULURI
CREATIVITÀ
CAVALLETTE
GOMMA

COLLA
IDEE
INCHIUSTRA
OLIU
CARTA
MATITI
TABELLA
ACQUA
ACQUARELLI

59 - Science Fiction

```
C U Y D D D H U D Y T H M S M I
N D À W Y D L W T G D S N P I O
E N O I S U L L I O F Y M L S X
F O F R T F À C A L P E A U T B
A M U B O D V O U O X I U S E C
N U T I P T L À A N R D A S R G
T A U L I I N K C H K S B I I B
A F R U A M E N I C M K À O O E
S W I E S T R E M E V K G N S P
T L S A U T U Q I T Z H C E U G
I H T R G C O X H O R A C U L U
Q E I K V R B B C P I A N E T A
U P C D C C I Y O G A L A X I A
E Y A C I M O T A R Y L G C Q U
I M A G I N A R I X V A N N E G
P E R H G M P A I X L B U A I F
```

ATOMICA
LIBRI
CHIMICA
CINEMA
DYSTOPIA
SPLUSSIONE
ESTREME
FANTASTIQUE
FEU
FUTURISTICA

GALAXIA
ILLUSIONE
IMAGINARI
MISTERIOSU
ORACULU
PIANETA
ROBOTS
TECHNOLOGY
UTOPIA
U MONDU

60 - Geometry

```
E T Q F H M Z X W A M À S C L K
O D H À I E V R U C X F H B Y O
À O M D X D W Q U L U C L A C R
N Y Z R N I T C B B R A C G U I
U S N V F A I R T E M M I S T Z
S H A E E N O I S R U P O R P O
D E L G N A M U Z V N X N B D N
D I G S U P E R F I C I E R C T
A I M M T R I A N G U L U M C A
T M A E E P A R A L L E L P N L
E E Q M N N R E A L T E Z Z A E
O S H M E S T G M O H I V C L R
R S V B O T I U C I R C U L U H
I A Y Q S Y R O L O G I C A K C
A P Y W P Z W E N O I Z A U Q E
V R E N E F P D M E U V L À L W
```

ANGLE
CALCULU
CIRCULU
CURVE
DIAMETRE
DIMENSIONE
EQUAZIONE
ALTEZZA
ORIZONTALE
LOGICA

MESSA
MEDIANA
NUMRU
PARALLEL
PROPURSIONE
SEGMENTU
SUPERFICIE
SIMMETRIA
A TEORIA
TRIANGULU

61 - Creativity

```
X F I À À H C U V I T N E V N I
Q L N O X O A N C A A W À Q N E
L U T U C I T A M A R D M I Y M
H I E N T N Y T I R A L C Z F O
C D N N A V N N M H A T Z W I Z
X I S I F F B O Y Q Q N M N M I
I T I D N X Z P W O R S K P A O
N À T E N O I S S E R P M I G N
T T À E N O I S S E R P S K I I
U I V G À S M S L H F K K X N D
I L Q A À T I C I T N E T U A I
Z I G M N F L E T V Z E I A Z N
I B G I A R T I S T I C U R I O
O A S E N S A Z I O N E T G O K
N H V I T A L I T À Z Z F C N H
E I S P I R A Z I O N E B À E R
```

ARTISTICU	IMPRESSIONE
AUTENTICITÀ	ISPIRAZIONE
CLARITY	INTENSITÀ
DRAMATICU	INTUIZIONE
EMOZIONI	INVENTIVU
SPRESSIONE	SENSAZIONE
FLUIDITÀ	HABILITÀ
IDEE	SPONTANU
IMAGE	VISIONI
IMAGINAZIONE	VITALITÀ

62 - Airplanes

```
B P N I V A A T O L I P V U H D
T A Z Z E T L A L À O R C U F E
Z R M N L N T P T U Z S À A S S
D E S I G N I I D R O G E N U C
C F Y A R P T A A E N M B C L E
A S M M Q N U T V G I O G U E N
R O S Q F A D Z V A C T U S I T
B M C T I C I L E S N O Q T C E
U T Y R O B N A N S O R B R P H
R A B H E R E A T A L E M U E L
A E Q S K W I À U P L L F Z R E
N E E R S Y M A R I A À G I D T
T A T T E R R U A T P Q U O M C
E T U R B U L E N Z A S T N F W
H D B A K R Y I F I L L K E C L
L R D À G M U V R C N Z O F R M
```

AVVENTURA
AIR
ALTITUDINE
ATMOSFERA
PALLONCINO
CUSTRUZIONE
CREW
DESCENTE
DESIGN
MOTORE

CARBURANTE
ALTEZZA
STORIA
IDROGENU
ATTERRU
PASSAGER
PILOTA
ELICI
CIELU
TURBULENZA

63 - Ocean

```
N L C S Y S W A P D Y V G C W G
P P R B I S W I Y E I N A I W G
S U O F A R C I T L N À X P S W
H G R N F L N À G F E E R T U R
S P U G N A E A C I R T S O O M
O N D E Z V N N K N L A S U C E
S X O P C W P P A U R U C S N G
I R O P K U G U C M S T P F W H
Q A G U R A T R A T A P P P W N
C P W L A L G A X D T O N N I W
T O Q L M A R E A L U B A R C E
O G R U I E V À G E R C À N S E
R Z N A G I A T S E P M E T E O
X P Q A L A T G X A À O T I P E
Z M B K F À P K N D L Z I I Q D
K M E D U S A T T E R E M A G F
```

CORAL
CRABULA
DELFINU
EEL
PESCI
MEDUSA
PULLU
OSTRICA
REEF
SALE

ALGA
SCURU
GAMERETTA
SPUGNA
TEMPESTA
MAREA
TONNI
TARTARUGA
ONDE
BALENA

64 - Birds

```
P M N N I O S C E U Q Z M E À D
I B W B À S T V I Q G C O R V U
P M B X S W R À H G À C L R Y N
F D C L T B U M À M N K L T V Q
R Q À À B I Z G K A T U O P P W
O F X V I C Z O U X V E P A S U
D P F À A E A R T A N A X S S F
P A P P A G A L L O L C N S A E
P T N N D O R U L Y D A P E V R
I O A A N G O C I C À I S R P H
N U À B C N N D L L M G B U S F
G C A M O I R A N A C L O E U P
U A S O C M L L N T C A À D B A
I N T L A A H E R O N U B E V U
N N R U K L O V P P V M C V B N
U O H C À F L À U X L V H U Y U
```

CANARI   HERON
POLLO   STRUZZA
CORVU   PAPPAGALLO
CUCU   PAUNU
CULOMBA   PELICAN
ANATRA   PINGUINU
AIGLA   PASSERU
OEU   CICOGNA
FLAMINGO   CIGNU
OCA   TOUCAN

65 - Politics

```
N Z À T I R A L U P U P O M G K
V À À E M I H D E G A S P Y W K
N Z T P P I C U E B I P I Q L A
O O A I O Z C A I V G V N K S P
O A Y C S S M R M H E W I A V Y
C A K I T I L O P P T T O H D W
T À T R E B I L B M A S N G G O
D P X E B U K O H U R G E U V Q
O L I A T S I V I T T A N T I X
C C T C S C E L T A S L T A T A
F S I I K L O L G D V I A T T E
U G U T E L A N U I Z A N I O V
U N R E V U G U N D S H A M R S
V P S W R D E X X N K N X O I O
U G U A L I T À D A G S O C A I
P U L I T I C U R C R M U C P F
```

ATTIVISTA
CAMPAGNA
CANDIDATU
SCELTA
COMITATU
CONSIGLIU
UGUALITÀ
ETICA
LIBERTÀ

GUVERNU
NAZIUNALE
OPINIONE
POLITIKA
PULITICU
PUPULARITÀ
STRATEGIA
IMPOSTE
VITTORIA

66 - Nutrition

```
L S A P O R E N U T R I E N T E
S A H I S B T L N L X T P F U Y
L T P E E À U P A W S A I Z N Q
O E Z P P D L U S E I R O L A C
F I Z W E À A Q D W U D P A M K
X D N O I T S E G I D I R B A X
H K V B W I I U F K C O O I N L
U A T R D L W T T O I B T T G O
T K K D V A X Y U X G R E U I À
F O M S Z U G B V R L A I D B M
S S X C Y Q G A A F A C N I L L
L G D I Y Y X T Q S N M E N E W
T T K G N U L P A E U S A I R R
B V R L W A V I T A M I N A L L
E Q U I L I B R A T U S A L S A
F E R M E N T A Z I O N E I I G
```

L'APPETITU

EQUILIBRATU

AMARU

CALORIES

CARBOIDRATI

DIETA

DIGESTION

MANGIBLE

FERMENTAZIONE

SAPORE

ABITUDINI

SALUTE

SANU

NUTRIENTE

PROTEINE

QUALITÀ

SALSA

TOXINA

VITAMINA

PESO

67 - Professions #1

```
A G H N T P O P N B T F B D I C
M C E R E I L L E I O I G A U O
B I A O W I K U H X V N Z N I A
A M C C L R Z C M N C G V C H C
S P A A C O E D I T O R E E C H
S I R S Q I G W D A S U K R N Y
A A T T S N A U I R A N I R A M
D N O R Z A E T S I N A I P B P
O T G O L W R S O D Z C W N M S
R O R N X L Y T V R H I T O Z I
E T A O A O B T U R E S I Q U C
V O F M A V V O C A T U P I G O
C W O E D E T T O R E M G K P L
I N F E R M I E R A V U A B S O
V E T E R I N A R U K A D U H G
A R Y X E Z K À H D I Y U Y H U
```

AMBASSADORE
ASTRONOME
AVVOCATU
BANCHIU
CARTOGRAFO
COACH
DANCER
DETTORE
EDITORE
GEOLOGU

CACCIATORE
GIOIELLIERE
MUSICANU
INFERMIERA
PIANISTE
IMPIANTO
PSICOLOGU
MARINARIU
SARTU
VETERINARU

68 - Barbecues

```
F G A G C T F U E I M H T X N E
V S E Y Y W A T T U R F O H O T
X I G W V Z M Y N S P D M X Z T
O L L O P À I L E D N H A U N E
V L L I R G G S Y S I Z T W A H
C E N A F D L L H A T Q E U R C
I T N M Q E I H I X M A O M P R
R L H Y E L A E B N I I T Q M O
W U I N S A L A T E U Q C E M F
M C S A L S A W K F A M E I C G
M D I E C G A M E S G Q À M C L
M A R D F I R F À A U À V U E H
D C Q A À T S A W S K E H G U N
T L H M Z X B U Q X R Q H E D T
Q C T C K I D C M C I P O L L E
R Q A À L P E Z V M X G V L C Y
```

POLLO	CULTELLI
CENA	PRANZO
FAMIGLIA	MUSICA
FORCHETTE	CIPOLLE
AMICI	INSALATE
FRUTTA	SALE
GAMES	SALSA
GRILL	ESTATE
HOT	TOMATE
FAME	LEGUMI

69 - Chocolate

```
C H V R X E I H F K W A M Z N G
A A L P H R X H L D I N Y U F U
R C A C A O P R B R Q T Q R N S
A U P Z Z P A S O I C I L E D T
M E O U K A Y T D Y O H H F O
E H E L L S A D A I B X V C P C
L I À M Q V O D E H À I N C M A
L T T X Q U E Z A C O D S U X L
U C I T O S E R E A D A O Z Z O
S T L D U L C E A R T N E E P R
X R A M R I X T Z A U T N U U I
À H U O F S B F X B N B E H P E
Q M Q E Z D H S K N O À I C G S
P R E F E R I T E Y C W S U I V
Z A F T Q Z Q B A Q O X G S D R
H P À N À U C H I U C A M A R U
```

ANTIOXIDANT
AMARU
CACAO
CALORIES
CARAMELLU
COCONUT
DELICIOSA
ESOTICU
PREFERITE

SAPORE
ARACHIDI
PULVERA
QUALITÀ
RICETTA
ZUCCHERU
DULCE
GUSTO

70 - Vegetables

```
U P M S P I N A C I W K O W C C
A E C R A E A T A L A S N I A U
R A C C U Z C T P Y U C B F V C
Q A B R C F L O C E L E R Y O U
G C V Y D W A R B F U C R L L M
Q Q Q A G M L A R U M A V W F B
A P D G N G B C O N O R C Q I E
D Z O T S U E K C G R C I I O R
G I N G E R R Q C H T U P D R C
A Y T Q À Q G P O I E C O Y E O
Q L O T C A I I L Z R U L U L T
H B L T O O N N I M P T L B R E
H I L U M M A R À X R A A K Y V
N Z A E O T A U E T C I M N G G
X P H T L P C T D I K I I B R B
Y O S V N I P K E M T I P R E A
```

CARCUCUTA
BROCCOLI
CAROTTA
CAVOLFIORE
CELERY
CUCUMBER
L'ALBERGINA
ALLU
GINGER
FUNGHI

CIPOLLA
PRETROMULU
PEA
ZUCCA
RAVANU
INSALATA
SHALLOT
SPINACI
TOMATE
TURNIP

71 - Boats

```
B A R C A A V E L A S Y P A C K
U V C D E W A E B N E N I O F L
X K H S W G R L Z F A R R I Y N
M A R I N A R I U E N S O G T I
R Y U S Q C C I W R C U C Q U G
A A R Y B F W I W R O I A Q L À
F K M T K E À L T Y R O H L S G
T A X M O F B L R U A B X Y U P
W A Z O F V Q C F M A R E A B K
F I U M E B Z O D A Z N M C C R
T T W E I Z U N A E C O W H M V
L S Z L F G D X B R K A E T Z X
C A A G Z R U C Y O R E V Q P H
R M G B D Z M C A T I R Z H À O
E K X O S O N D E O C A D R O C
W V L M X K V R X M C M B K Z N
```

ANCORA
BOIA
PIROCA
CREW
MOTORE
FERRY
KAYAK
LAGO
MAST
NAUTICA

OCEANU
RAFT
FIUME
CORDA
BARCA A VELA
MARINARIU
MARE
MAREA
ONDE
YACHT

72 - Activities and Leisure

```
C A M M I N A T A R U T A T A N
V U H M T R L U G I À G S C R R
Q I R A N I D R A I G Y Y F U I
K G L Z B N K T S U G G Z E T L
P G O L Q F S À R O R H E V T A
B A S K E T B A L L H Q N S I S
Q I C A S B P Y L M V Y O C P S
X V S S À E O X T E N N I S À A
P O F Y E S V X P M M F S P I N
G I V F B P Y E I F S F R I F T
O K C A L C I O A N S S E F Y E
L A A A W M À G X T G A M B O E
F V O L L E Y B A L L A M À M À
B A S E B A L L A X A H I W F O
F V H À A B K W H D N R M F M V
S U R F I N G B Q N T B T E Y Y
```

ART
BASEBALL
BASKETBALL
BOXING
IMMERSIONE
PESCA
GIARDINARI
GOLF
CAMMINATA

PITTURA
RILASSANTE
CALCIO
SURFING
NATATURA
TENNIS
VIAGGIU
VOLLEYBALL

73 - Driving

```
C O N D U T T O R E Y Z O X U P
C I F F A R T Z E Y G À X P H O
A Z Z E R U C I S P Q A N Y R L
R S A L A H U À À Y C T R T À I
B D O T Z Y A T N V N X K A R Z
U N O D E P Z I N E R F V G G I
R D B A Z N E C I L E N N U T A
A P U D I Z G O A M P V R Q D K
N H E A L N O L S A C Y E Q W X
T I K R M À T E R N P Z T G A S
E Q E T O W Z V C F B P O C P Z
E D H S T T N E D I C C A A P N
N V K H O N O I M A C N N R A Q
K O V B M À T M M F I U Q X M D
V N À R P E R I C U L U N E Z S
G Z C S L B Q Z B Q M V T U K X
```

ACCIDENT	MOTORE
FRENI	MOTO
CAR	PEDONU
PERICULU	POLIZIA
CONDUTTORE	SICUREZZA
CARBURANTE	VELOCITÀ
GARAGE	STRADA
GAS	TRAFFIC
LICENZA	CAMION
MAPPA	TUNNEL

74 - Biology

```
C O L L A G E N E R N G F E O B
E Y U A Z R T E M E E G O N V A
D H P L N À Y B B P R D T Z T T
U G T U C A O U I T V W O I I T
Q C R L A R T S U I U R S M K E
X N H L D E O O U L R I I E O R
L À B E R Z P M M E W S N C R I
O N C C X F E R U I G O T À M S
M A H R Q R A Y O S A I E I O O
A Q X B P V H A G T O B S A N M
M U W Y D D B N U E E M I V U S
M F R I B B W O T L Z I A N W O
I S P A N I S R V R M S N E Z I
F Y S E V O L U Z I O N E A O U
U I P W C I O E N O I Z A T U M
E M B R I U H N N A T U R A L E
```

ANATOMIA	MUTAZIONE
BATTERI	NATURALE
CELLULA	NERVU
CROMUSOMA	NEURONA
COLLAGENE	OSMOSI
EMBRIU	FOTOSINTESI
ENZIME	PROTEINA
EVOLUZIONE	REPTILE
ORMONU	SIMBIOSI
MAMMIFU	SINAPSI

75 - Professions #2

```
I O G D E T E C T I V E Y G E L
F N O I R A C E T O I L B I B N
I A V S A G I U R N A L I S T A
L G R I E R O T A R T S U L L I
O R T E N U D M É D I C E X A Z
S U U R O T T I P G Q C P F S O
O R G O H A U G N I L Q I O T O
F I O T Z Z B S À A Y I L T R L
U H L A A X A P A L R Y O O O O
R C O L M E P E I B L I T G N G
E A I U Q A T R C O C W A R A U
N L B C L F E Q N Q B X E A U U
I L V I B A T S I T N E D F T N
G S H R T Z Y V T M H W K U A E
N Q Y G U L E E R R U I H M N N
I U D A T S Y O D U O F U P D E
```

ASTRONAUTA
BIOLOGU
DENTISTA
DETECTIVE
INGINERU
AGRICULATORE
GIARDINARI
ILLUSTRATORE
INVINTU
GIURNALISTA

BIBLIOTECARIO
LINGUA
PITTORU
FILOSOFU
FOTOGRAFU
MÉDICE
PILOTA
CHIRURGANO
MAESTRO
ZOOLOGU

76 - Mythology

```
L R G U E R R E R I U Z À L B À
E P S O D I M M O R T A L I T À
G Y M K T C R E A Z I O N E X Q
E C O M P O R T A M E N T E T O
N U O L E K H H K C W S N S D À
D Q Y F E F L U M I L R N À W P
A T M I W M L L K Z R P W T F U
C R E D E N Z A S O L E G T Q Q
M O S T R U N U T N I R I B A L
V E N D E T T A T R A E Y G I Y
D I S A S T R U À R O T D G M M
C R E A T U R A E G O M E R O I
F O R Z A E D I I T À N Z R M O
C U L T U R A C F I H T U I K W
A R C H E T I P I U K A F U D H
W V D G U V C B À W L N C K Z S
```

ARCHETIPIU	GELOSA
COMPORTAMENTE	LABIRINTU
CREDENZA	LEGENDA
CREAZIONE	LUMI
CREATURA	MOSTRU
CULTURA	MORTAL
DIITÀ	VENDETTA
DISASTRU	FORZA
EROI	TRONU
IMMORTALITÀ	GUERRERIU

77 - Agronomy

```
M C U M Z O B R M Y U A X P E P
A P R L P W A I G O L O C E R O
L Y V E E W U N O F E H À A U L
A A R N S G F Q A L N Z X U S L
D M U O E C U I Y X O L Y Q I U
I B S E M I I M N À I G P C O T
E I T A S V A T I L Z A I A N I
E E K L W L R L A R U R Z C E O
C N L X M A L C I P D P Y R A N
N T A Y C E C E G I O C U E I H
A E S H L N P C R A R Q S C D O
S I S T E M I P E N P F M I U Q
A S C I E N Z A N T H U M R T F
S P S I O I P I E E V N S À S H
P P A R A G R I C U L T U R A Q
F E R T I L I Z Z A N T E F W R
```

AGRICULTURA
MALADIE
ECOLOGIA
ENERGIA
AMBIENTE
ERUSIONE
FERTILIZZANTE
CRESCITA
BIOLOGICA
PIANTE

POLLUTION
PRODUZIONE
RICERCA
RURAL
A SCIENZA
SEMI
STUDIA
SISTEMI
LEGUMI
ACQUA

78 - Hair Types

```
E A M C K À O M D C C L T F O S
A T G R Z C K X T O O V S H E P
A A Y T G G V O L V S R K X I H
B R I L L A N T E A E A T R A N
T U X B B P U Z X W C U L U D R
R L À R F I S L W U C N A I B W
E U C C W C O E A T A L U D N O
C C V U E C Y N R I C C I U R R
C W Y R L E U O D I À B N N A W
I P G L O R U R C U R E N A Y G
A B B I U T C R Z I I E C S P L
T T B R Y G A A Q G K C S Y H A
A E G Z B E L M A S S O R G O G
À M P W I X V Z T I O K K H P G
Z V A K V Z A G L R L A N E N R
R T O U U B V E U G N O L M O B
```

CALVA
NERU
BIONDU
TRECCIATA
TRECCI
MARRONE
CULURATA
CURLI
RICCIU
SECCA

GRISGIU
SANU
LONGUE
BRILLANTE
CORTU
SOFT
GROSSA
THIN
ONDULATA
BIANCU

79 - Garden

```
R P Y À A T T E N P E F C A G S
A B R E R E G R T E R R A S S A
S M Y N B R T M A P R A Z O N E
T G I G U R G T T M F E N C E F
U X R I R A I G U H P C L N M M
D I V V U À A Q F R A O O C S V
N D À Q Y Y R Y I I F M L X F N
B A N C H U D N O P S L M I M Z
A B D W S Y I A T À V I K O N À
F S L U U S N C X H L L K L C E
R P E C B H O L C O H S Q N F K
Y U U M P L A X B S A O P A L A
E H P A U E F F T E R O I F À P
I U H B D S Y S M C G Y Z A W W
G A R A G E H A L T F E D A O C
L D T Y M P D S Z W O H Q E K À
```

BANCHU
BUSH
FENCE
FIORE
GARAGE
GIARDINO
ERBA
HAMMOCK
HOSE
PRAZONE

FRUTTE
POND
RASTU
PALA
TERRA
TERRASSA
TRAMPOLINE
ARBURU
VIGNE

80 - Diplomacy

```
N H M O A U M A N I T A R I C Q
Q T N K R I E C I T T A D I N I
N S I R U I N V K R Q W I Q F I
O T G E T I O O A K I T I L O P
I G T B A R I G T U N R E V U G
S I C U R E Z Z A E T C R D G S
S Q Q M E N U D I T E O O I I Z
U O F N P I L Z C I G N D P U C
C L L A U R O À S C R S A L S U
S M L U C T S H A A I I S O T M
I E Y E Z S I Q B Y T G S M I U
D W R L E I R X M V À L A A Z N
U K D C U P O T A O W I B T I I
À H B D M F S N E Z Y E M I A T
T R A T T A T U E L B R A C D À
C O N F L I T T U K A K W U I Y
```

CONSIGLIER
AMBASSADORE
CITTADINI
CUMUNITÀ
CONFLITTU
CUPERATURA
DIPLOMATICU
DISCUSSION
AMBASCIATA
ETICA

STRINERI
GUVERNU
UMANITARI
INTEGRITÀ
GIUSTIZIA
POLITIKA
RISOLUZIONE
SICUREZZA
SOLUZIONE
TRATTATU

81 - Countries #1

```
N U C T C B W A R N T N F F À I
U L L A G E N E S W M V I D N T
R Q Y N N P L V P C Q M D I X C
V I U G I A I N O L U P À Q U G
E Q P A Y M D F I N L A N D I A
G B F P A R G A P A N A M A R V
I M Q S À U R U M E N I A Q O I
A A U G A R A C I N L L V Y P E
I R N K F C L G X I X A Z Q Q T
R O A G P À E W V S B T T K W N
A C V U A A U T F R R I E V M A
C C X Z B M Z Z Y A A V P G I M
C U T T I G E D À E S K I Q V A
U D H I S Y N L X L I L I B I A
A V C H X P E U A E L B T V K Z
R H R X W C V U B U E U O W I T
```

BRASILE
CANADA
EGITTU
FINLANDIA
ALEMAGNA
IRACCU
ISRAELE
ITALIA
LATVIA
LIBIA

MAROCCU
NICARAGUA
NURVEGIA
PANAMA
PULONIA
RUMENIA
SENEGALLU
SPAGNA
VENEZUELA
VIETNAM

82 - Adjectives #1

```
U B O H I C I L E F V X D P S P
N E N V M T M H M I F X F H Z E
C L E H P A N O S E R I U H À S
S L S V O E I A D P F I S X W A
C U T H R G L U R E U L A V C N
U C U X T F C M T T R B S W O T
R I E E A T H R G U T N À Y G E
U T H U N O I Z I B M A U F E T
L O X Q T A S S O L U T A D N Z
D S T I E U Q I T A M O R A E B
I E R T T H I N S K G T U V R F
Y Q T N H C O Z L O X N T Y O B
G Q O E P P R B F S À E À À S E
F À N D K A E G F R M L B W I H
P U C I T S I T R A Q P B B H V
A F L Y D I M N A P O Y N B T R
```

ASSOLUTA	PESANTE
AMBIZIONU	AIUTU
AROMATIQUE	ONESTU
ARTISTICU	IDENTIQUE
ATTRANTI	IMPORTANTE
BELLU	MODERNU
SCURU	SERIU
ESOTICU	LENTO
GENEROSI	THIN
FELICI	VALUE

83 - Rainforest

```
W D P W E E R R X S G M T C T V
M À Z P D N I A W À U S S O M A
O T B À G P S C E V V E U N L L
P I D T G L P C Q X P O P S R U
A N F I B I E E À U À N R E E E
L U K S N B T L A G À À A R S A
G M L R O Y T L Q Z G À V V T C
N U A E Z M U I P A P N V A A B
U C I V Y D V H P D E U I Z U B
J K N I N A T U R A Y L V I R N
R L S D P A Q W E W D S E O A U
I E E A Y Z Z I O Z E Y N N Z V
F P C M A M M I F E R I Z E I I
U D T I W A V B A C I N A T O B
G T I L I N D I G E N U F F N W
U G M C I F R U U O D N N Z E P
```

ANFIBI

ACCELLI

BOTANICA

CLIMA

NUVI

CUMUNITÀ

DIVERSITÀ

INDIGENU

INSECTI

JUNGLA

MAMMIFERI

MOSSU

NATURA

CONSERVAZIONE

RIFUGU

RISPETTU

RESTAURAZIONE

SUPRAVVIVENZA

VALUE

84 - Global Warming

```
L K A I G R E N E B Q N O O F C
D L T S U T S I T N E I C S O O
D T A I V A T T E N Z I O N E N
L P D R E L A T N E I B M A S S
D E O C R N M F U T U R U G D E
À M G I N O I Z A L U B U P P G
O B B I U I L L O C S F G K R U
U U À V S L C M Z Q K D L P W E
V S A B A L S P G À Y M D I V N
H U V C G Q A I R T S U D N I Z
N K T I C À B Z Q E Z B V Q M E
E F C O L I N O I Z A R E N E G
L K Q R L U Y Z G O N À Q À I T
A A D A E W P L F R N T B N T R
E R U T A R E P M E T E T H M M
A R C T I C U U U K B K Z S O F
```

ARCTICU
ATTENZIONE
CLIMA
CONSEGUENZE
CRISI
DATA
U SVILUPPU
ENERGIA
AMBIENTALE
FUTURU

GAS
GENERAZIONI
GUVERNU
INDUSTRIA
LEGISLAZIONE
ORA
PUBULAZIONI
SCIENTISTU
TEMPERATURE

85 - Landscapes

```
C V W B Q H N C À E K S H L C S
F À G H X M C O N A C L U V A N
C À F À F K E L G B Q I B M S F
Y A F D W L L L I A À H I O C H
B N O G U N G I S P L C D N A Y
G L A C I E R N Y E X V X T T O
H O D Y D L E A U N X F F A A H
X L P F I L B V O I T M N G G V
T V Z R S A E À W N C V Y N R D
À O T N Z V C D L S B A A A Z E
T A I G G A I P S U K Y V X G S
R E S Y E G H R O L V F K E R E
E D U L A P E G F A F I U M E R
R R L O C E A N U P I A Z O D T
Z N A R D N U T N L U X L À L R
N O T M C M B I V O A S I S O M
```

SPIAGGIA	OASIS
CAVE	OCEANU
DESERT	PENINSULA
GEYSER	FIUME
GLACIER	MARE
COLLINA	PALUDE
ICEBERG	TUNDRA
ISULA	VALLE
LAGO	VULCANO
MONTAGNA	CASCATA

86 - Visual Arts

```
C N À H F S E C G H À S P U C E
A U L À A P C G E R A T I T A M
P V P T R E I U T R S M T B V Z
A R W À C N N T L À A V T T A I
S N F D H N R T C T Y X U E L C
T D D S I A E A L I U R R M L U
R I O X T I V R A V C R A U E M
O M T S E F Z T Y I D H A W T P
L C B B T A M I D T L D A A T U
A F C N T R F R I A D N U L E S
I S E W U G I K Z E S S X L K I
H A Q À R O L Q L R D H V V Y Z
F S C K A T M W L C Y C Q A C I
H W V R C O A R T I S T A Z F O
E D À T F F T L S K O U O Z E N
P E R S P E C T I V E C X E W I
```

ARCHITETTURA
ARTISTA
CHALK
CLAY
CUMPUSIZIONI
CREATIVITÀ
CAVALLETTE
FILM
CAPASTROLA

PITTURA
PENNA
MATITA
PERSPECTIVE
FOTOGRAFIA
RITRATTU
SCULTURA
VERNICE
CERA

87 - Plants

```
F  I  A  V  M  W  U  F  O  D  G  B  U  S  H  W
B  A  M  B  Ù  G  W  S  P  N  I  R  G  P  H  F
Q  C  L  Z  Q  E  N  O  I  Z  A  T  E  G  E  V
S  A  U  R  U  B  R  A  W  L  R  Q  M  C  F  A
F  B  S  C  A  C  T  U  S  S  D  E  R  B  A  U
I  I  S  O  B  V  D  B  Z  A  I  P  R  C  L  M
Q  A  O  A  L  L  E  A  C  I  N  A  T  O  B  P
N  R  M  R  X  Z  E  C  Z  W  O  À  O  H  O  G
P  G  E  O  E  N  W  F  O  G  L  I  A  À  D  T
Z  M  T  L  F  S  V  Y  C  P  E  T  A  L  U  E
E  E  S  F  T  H  R  O  B  R  U  C  Y  I  L  N
F  E  R  T  I  L  I  Z  Z  A  N  T  E  V  S  L
D  U  B  D  Q  Q  À  Y  Q  K  A  Q  Q  Y  V  D
F  O  R  E  S  T  A  U  N  K  E  G  A  X  C  Q
U  P  O  L  K  U  V  I  U  C  B  Q  O  V  Q  P
N  P  H  M  H  I  S  H  B  U  K  W  Y  A  V  N
```

BAMBÙ	FORESTA
BEAN	GIARDINO
BACA	ERBA
BOTANICA	IVY
BUSH	MOSSU
CACTUS	PETALU
FERTILIZZANTE	ROOT
FLORA	STEM
FIORE	ARBURU
FOGLIA	VEGETAZIONE

88 - Boxing

```
E  K  À  Y  Y  B  T  Z  E  T  C  V  U  X  B  Y
M  W  S  R  N  I  K  F  S  À  Q  H  S  V  P  B
M  B  G  B  X  P  S  E  S  R  H  K  I  E  M  S
C  À  G  R  P  A  C  L  U  N  B  U  V  N  T  I
L  À  D  K  E  T  A  I  C  L  A  C  V  O  M  Q
C  A  M  P  A  N  A  T  U  E  S  I  A  I  D  M
M  U  R  T  I  B  R  A  T  T  M  G  L  Z  H  C
H  C  O  D  O  X  H  O  I  N  X  C  F  A  Y  U
G  U  A  N  T  I  G  K  C  A  Y  Y  O  R  H  R
P  U  N  T  I  À  N  O  P  T  V  T  D  E  C  L
H  A  B  I  L  I  T  À  X  T  S  L  S  P  Q  V
T  F  I  S  T  S  F  N  B  A  A  À  M  U  Y  X
M  Y  L  E  U  A  À  K  Z  B  V  I  Y  C  H  I
F  O  R  Z  A  C  G  V  Q  M  Z  Q  A  E  D  À
P  O  M  B  M  C  O  P  R  O  C  R  S  R  E  W
T  B  H  K  À  T  X  F  L  C  S  O  Q  H  B  C
```

CAMPANA	GUANTI
CORPO	CALCIATE
CHIN	L'AVVISU
CORNER	PUNTI
CODO	RECUPERAZIONE
ESSUCUTI	ARBITRU
COMBATTANTE	HABILITÀ
FIST	FORZA
FOCUS	

89 - Countries #2

```
D A F D R S A R Y Q D S C L A T
A N R X F H I T I A H Z Z T K S
N S D W V E U R G V X P W W A Z
I G U G A N D A I R X E G E D W
M S N T I O B V F A E X I A F C
A B N X L P Q K Q B M C A H H X
R M A E A P K Q D T E A I O J I
C A D P M A L V C T S I N A A C
U D U B O I E A P N S Z I I M N
I T S I S G À C O T I F A N A E
N I G E R I A A R S C Q R A I P
L E B A N O N I Q Y U Z C B C A
P P A C C H I S T A N U C L A L
D X V P I U T S A A E T U A Z O
K U G A T À R U E T T I O P I A
U N X L I B E R I A K G K W A S
```

ALBANIA
DANIMARCU
ETTIOPIA
GRECIA
HAITI
JAMAICA
GIAPPONE
LAOS
LEBANON
LIBERIA

MESSICU
NEPAL
NIGERIA
PACCHISTANU
RUSSIA
SOMALIA
SUDANNU
SIRIA
UGANDA
UCCRAINIA

90 - Adjectives #2

```
S A L A T I H E R Q K M X W R H
G D I R I G A L Q I Q K B I N E
A C C E S H M X F A M E R L C F
C U N A S D À N D O R M I D P Q
B E T N A G E L E I F I E R U O
F V O E V I T P I R C S E D À H
D O H V N F C N E W N S L G Q C
K Z R I Y T P R O D U C T I V E
À U I T I L I B A S N O P S E R
A R Z A E H G Q C O V W Y I B R
F C E E C W O G U T A L A G I R
M A Z R À V S M I E P L G W P V
S B M C X N A T U R A L E S V U
B P X O I N T E R E S S A N T E
D M R L S F Y O X U S V B E H B
N W C M Y A C X A Z Q C Z E X T
```

AUTENTIQUE   INTERESSANTE
CREATIVE   NATURALE
DESCRIPTIVE   NEW
SECCA   PRODUCTIVE
ELEGANTE   FIERU
FAMOSA   RESPONSABILI
RIGALATU   SALATI
SANU   DORMI
HOT   FORTE
FAME   WILD

91 - Psychology

```
P A A M V E I Q G G R N À S I U
E P O A A Y R I H X E E Y E A F
R P S Y L T E R A P I A A Q Z À
C U N N U P R O B L E M A L N H
E N F L T C O N F L I T T U T P
P T P S A C O G N I Z I O N E À
T A E O Z L I N F A N Z I A E W
I M R N I R A S N E P Z G V F A
O E S I O G E E R A O U I P R Y
N N O Z N C L I N I C A Q D V R
Z T N M E N O I Z A S N E S E U
H U A A R X À B I N O I Z O M E
N X L I N C U S C I U À A L S A
S U I C S N O C B U S I Y E P À
E Z T C O M P O R T A M E N T E
P Z À À M P F R F G N M Y T F L
```

APPUNTAMENTU
VALUTAZIONE
COMPORTAMENTE
L'INFANZIA
CLINICA
COGNIZIONE
CONFLITTU
SONI
EGO
EMOZIONI

IDEE
PERCEPTION
PERSONALITÀ
PROBLEMA
REALTÀ
SENSAZIONE
SUBCONSCIUS
TERAPIA
PENSARI
INCUSCIU

92 - Water

```
U M H Y E B À N E V E I P O X C
M U U D V P I O V A D R P N N S
I N À V A T Z A E L N R T V P H
D S B A P I T V H D O I U S A P
I O F R U À C À S P M G G K F S
T N A D R N F E L A N A C W O X
À T U N A G A R U Z F Z R O D U
R O F T Z À A E Z U P I G H U Y
R E I M I U M S C D B O B R G À
F O O S O T N Y B O Q N Y H F K
L Z C C N D O E K V W E F C M P
O B N S E O L G F I U M E R X H
O W B S N C G V A P O R E Y E M
D Q S W L C L O E L F R O S T O
L L T R E I R K V C I K Y E W D
K T H Q U A I D C P X Z À N F F
```

CANALE
EVAPURAZIONE
FLOOD
FROST
GEYSER
URAGANU
ICE
IRRIGAZIONE
LAGO

UMIDITÀ
MUNSON
OCEANU
PIOVA
FIUME
DOCCIA
NEVE
VAPORE
ONDE

93 - Business

```
M Z C R C Z W Q B F W C R L F M
Z A I P M U C M O Z A H À P N O
U D N E R Z N C N M E B L D X N
A U T A G E I P M I G L R E N E
Z T S W G B C E À L H E F I T T
M S L O M E Z N A N I F I D C A
C O H À F T R N A K C Y N N E A
D C E M C F V E N D I T A A C À
B U D G E T I D L O S I S H O A
I M P O S T E C G A S O C C N O
I T N E M I T S E V N I O R O P
S H O P O V X I Q H P W N E M Y
P R Z D À R A D O O Q K T M I B
O I M P I E G A T O R E U M A P
M S A Y L S G R À E Q D Q Q O S
C A R R I E R A N U V B S Z Y Z
```

BUDGET
CARRIERA
CUMPIA
COSTU
MONETA
SCONTU
ECONOMIA
IMPIEGATU
IMPIEGATORE
FABRICA

FINANZE
RENDU
INVESTIMENTI
MANAGER
MERCHANDIE
SOLDI
OFFICE
VENDITA
SHOP
IMPOSTE

94 - The Company

```
P  R  O  D  U  T  T  U  I  H  C  S  I  R  P  F
H  U  D  C  E  D  W  Q  N  À  H  V  N  L  R  X
L  X  B  U  V  I  T  A  V  O  N  N  I  W  E  Q
R  C  Q  U  I  M  U  G  E  I  P  M  I  U  S  R
G  I  H  U  T  B  C  E  S  W  I  A  U  M  E  I
R  H  S  A  A  O  P  À  T  I  L  A  U  Q  N  R
U  E  H  O  E  À  C  U  I  T  G  A  B  N  T  Z
N  N  P  T  R  M  Z  A  M  C  A  V  K  I  A  P
I  O  I  U  C  S  Q  T  E  À  C  H  V  M  Z  A
T  I  U  N  T  W  E  À  N  Y  H  C  T  R  I  F
À  S  O  P  I  A  I  R  T  S  U  D  N  I  O  F
U  I  W  Y  B  Z  K  I  E  U  A  I  G  N  A
V  C  U  W  N  L  V  I  T  R  U  N  E  V  E  R
D  E  M  O  À  A  Z  Y  O  N  V  X  À  D  E  I
D  D  W  S  V  T  C  M  G  N  I  R  C  D  W  K
P  R  O  G  R  E  S  S  H  Y  E  À  F  Q  G  P
```

AFFARI	PRODUTTU
CREATIVE	PROGRESS
DECISIONE	QUALITÀ
IMPIEGU	REPUTAZIONE
INDUSTRIA	RISORSE
INNOVATIVU	REVENU
INVESTIMENTI	RISCHI
PRESENTAZIONE	UNITÀ

95 - Literature

```
D A V B I O G R A F I A L K V H
Q I N L Q M I U O T W K Y P H W
R G A A B I I P D E Z K S E L R
I O R L L G M F A M D I T R F F
T L O F O I N R I A C I T E O P
M A F Q V G S L D Z E W G B H M
U N A X K À U I E R K W M M K L
A A T L K N B E G Q À K X H D O
P L E S P O E M A A U T O R E V
R I M A À I R A R A P M O C T A
H S T U Q T I R T K G S C R R R
S B X R R C N A R R A T O R E N
T M U S C I I D G Y L H G D N O
I U Q M X F A N E C D O T E M V
L D E S S C R I P T I O N H N E
E N O I S U L C N O C D X G I L
```

ANALOGIA	METAFORA
ANALISI	NARRATORE
ANECDOTE	NOVEL
AUTORE	POEMA
BIOGRAFIA	POETICA
COMPARARI	RIMA
CONCLUSIONE	RITMU
DESSCRIPTION	STILE
DIALOGUE	TEMA
FICTION	TRAGEDIA

96 - Geography

```
L U O Q P N M R K S N T C A P N
E F S W Q E M Z E T S E O T À G
S Y X H N C B C R G N A V L F Z
D U C E Y O I Y A G I G K A N P
Y O I P N N O N M R D O S S Q L
G P T A E T D X L X V O N C V S
F U T E X I L À Q D A P U E G M
X I À S L N N A M E R I D I A N
M R U E N E O L T Z Y O N W P I
O O N M K N R U K I R L O X P T
N T A À E T D S E A T N M P A E
T I E D C U U I I I V U U P M Q
A R C À E M I S F E R U D U S X
G R O O E P M U F K W X U E T L
N E N I D U T I T L A F M Y X S
A T K F W D D F A W F D E C H Z
```

ALTITUDINE	MONTAGNA
ATLAS	NORDU
CITTÀ	OCEANU
CONTINENTU	REGIONE
PAESE	FIUME
EMISFERU	MARE
ISULA	SUDU
LATITUDE	TERRITORIU
MAPPA	OESTE
MERIDIAN	U MONDU

97 - Jazz

```
X E F M Y À F L M S G A F P I T
K O S R M P D L G B D O D C A E
R V À À E W Q P T F Q G H W W C
K N Q E R O T I S O P M O C I N
G G V N E B A I H C C E V X O I
C Y N R N G M C O N C E R T U C
E À A N E C B C C K L N V D U A
M Y R H G K U B Z L L H Z U C B
A U T N A C R Y I S U A L P P A
L T S V P G I R O T T Q S G L S
B N E I M U S I C I C I À O X O
U E H U C H M R X C B R L E G M
M L C Y Q A A T S I T R A E S A
G A R N E W B Q I T I R O V A F
O T O O W H N T Y R H T Z I Z A
C U M P U S I Z I O N I D Q U S
```

ALBUM
APPLAUSI
ARTISTA
COMPOSITORE
CUMPUSIZIONI
CONCERTU
TAMBURI
FAMOSA
FAVORITI
GENERE

MUSICA
MUSICI
NEW
VECCHIA
ORCHESTRA
RITMU
CANTU
STILE
TALENTU
TECNICA

98 - Nature

```
A P I V L O N L G P A C I F U N
A Q H I Q B E E G L D Q I Z E U
A W B T X X Z C B C A F I U N V
N Z S A I L G O F B K C W Z U I
E P Z L T S À H L F I W I U I R
R W D E S E R T V Q P A V E A A
E V L N D N A N I M A L I R U
S Z I O U L D I N A M I C A Q T
Y D W I P T E R A N S B T B B N
U P K S R R M B R Y H I B V L A
C T O U X D U N C H P U A A G S
V I K R E T I E T N B A V N M W
A T S E R O F M I D F S K H K B
T R O P I C A L C E N C N S O N
N O V B U Q F G U D L E F H P H
T O H X P O X U B L V L O O S T
```

ANIMALI
ARCTICU
BELLEZZA
API
NUVI
DESERT
DINAMICA
ERUSIONE
NEBBIA
FOGLIA

FORESTA
GLACIER
PACIFU
FIUME
SANTUARI
SERENA
TROPICAL
VITAL
WILD

99 - Vacation #2

```
H B K B A H C M O R L A L A E E
G N D U L M R X D I H L D T Y H
S E À T V K X R M F P E H Z C K
A T N R F I R E N I R T S G V L
U N K O B I A L U S I O O Z I G
F A Y P I A A G A N O H L Q S V
G R M S X Z X N G À O Z À U A T
B O W A A N A S N I E R T C D B
F T M R T A P N P X U O T B À S
Y S E T T C P C I I E L W S T T
H I O Q R A A A G T A D N E T R
Y R M U E V M A R E S G E U O I
E G L D N L U C I U R E G W I N
C F M Y I D L F L W K C D I Q E
P A S S P O R T U P L K N M A R
A E R O P O R T U Y U I C C Y U
```

AEROPORTU
SPIAGGIA
DESTINAZIONE
STRINERI
STRINERU
VACANZA
HOTEL
ISULA
VIAGGIU
LUCIURE

MAPPA
PASSPORTU
RISTORANTE
MARE
TAXI
TENDA
TRENI
TRASPORTU
VISA

100 - Electricity

```
N E G A T I V U T P C I S L A A
F Y K I R T E N W E W R Q A M Q
E R Q F À T U I B À L O O S Z U
T E Q M P E C X S E H E T E R B
N S F Q W G P A T U T L F R M N
E R M D A G L A M P A D A O R L
M C B Q V O P U S I T I V U N M
A A E E L E C T R I C I S T A U
P A G H T F I S O U N C A B L E
I K H N A I R E T T A B Z P A M
U U B X E I T T F O I R I H A F
Q À N I C T C U Y H C H L Q X Q
E R O T A R E N E G G K Y G C G
B K Q D X O L F E F K R A V W Y
W T W Z N C E U B F B L O G F A
Q U A N T I T À K O V N Y T E M
```

BATTERIA	MAGNETE
CABLE	NEGATIVU
ELECTRIC	RETE
ELECTRICISTA	OGGETTI
EQUIPAMENTE	PUSITIVU
GENERATORE	QUANTITÀ
LAMPADA	STOCKAGE
LASER	TELEFONU

1 - Antiques

2 - Food #1

3 - Measurements

4 - Farm #2

5 - Books

6 - Meditation

7 - Days and Months

8 - Energy

9 - Chess

10 - Archeology

11 - Food #2

12 - Chemistry

13 - Music

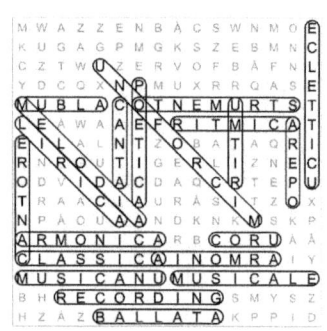

14 - Family

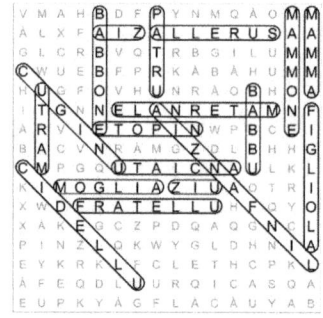

15 - Farm #1

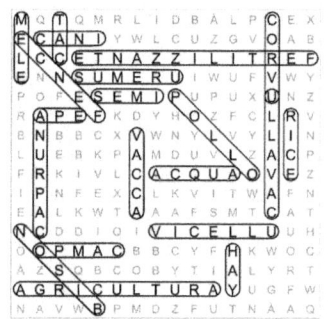

16 - Camping

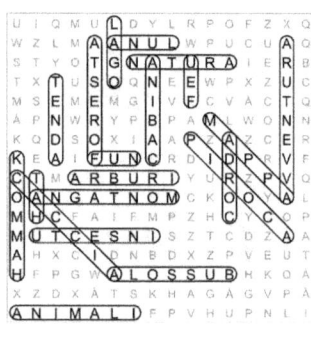

17 - Algebra

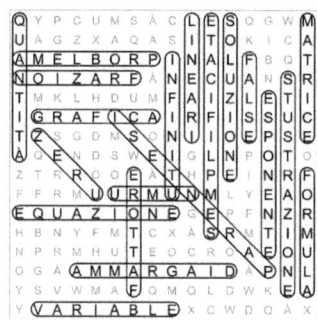

18 - Numbers

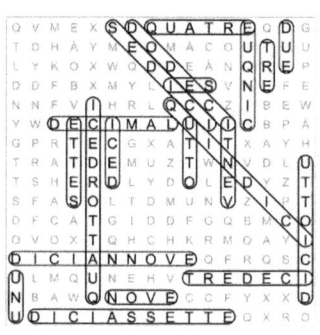

19 - Spices

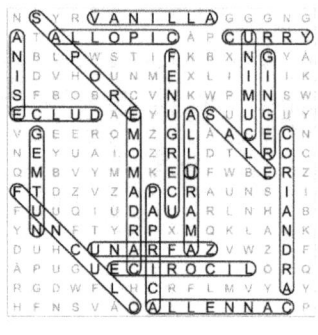

20 - Universe

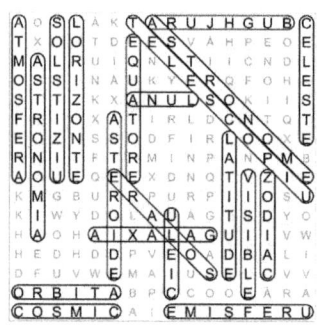

21 - Mammals

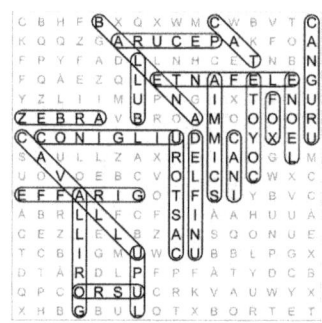

22 - Fishing

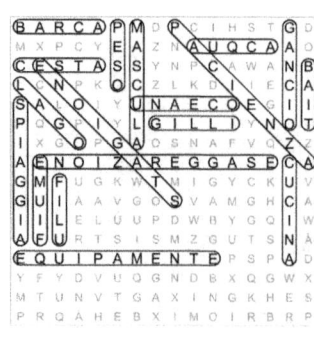

23 - Bees

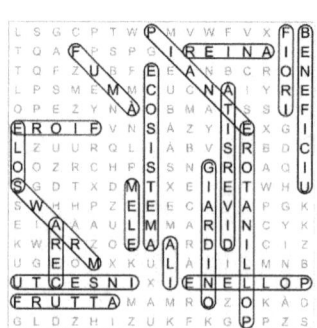

24 - Sports

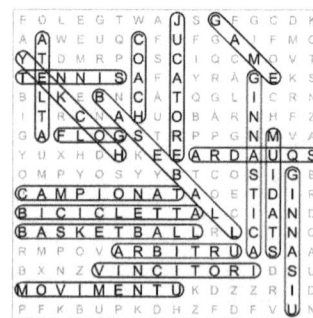

25 - Weather

26 - Adventure

27 - Restaurant #2

28 - Geology

29 - House

30 - Physics

31 - Dance

32 - Colors

33 - Climbing

34 - Shapes

35 - Scientific Disciplines

36 - Science

37 - Beauty

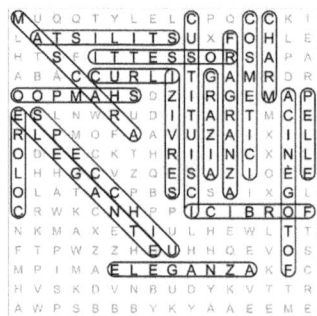

38 - Clothes

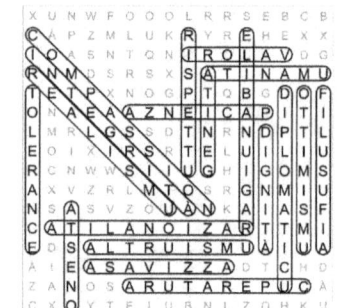

39 - Ethics

40 - Insects

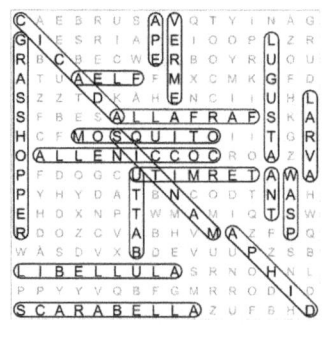

41 - Astronomy

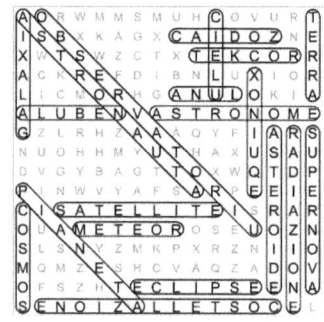

42 - Health and Wellness #2

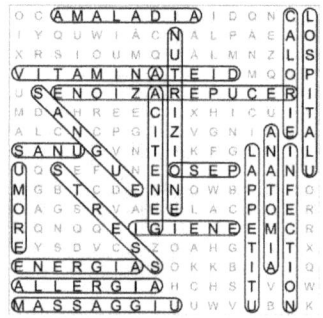

43 - Disease

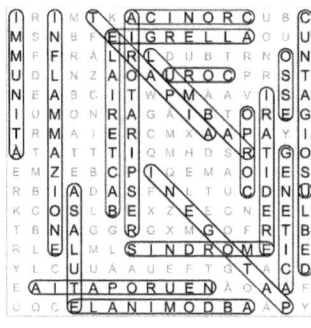

44 - Time

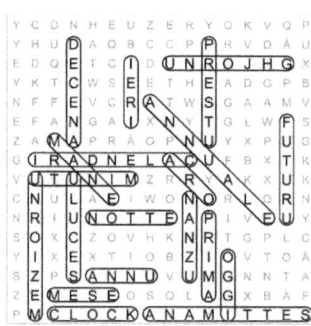

45 - Buildings

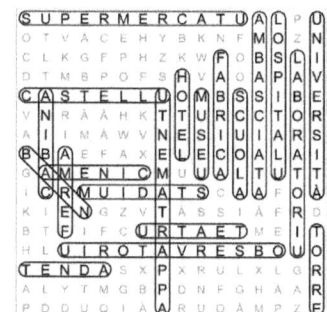

46 - Gardening

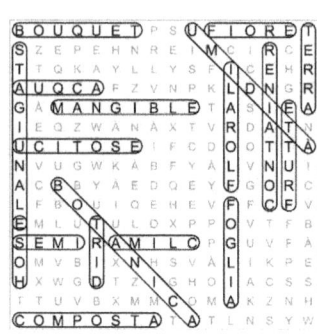

47 - Herbalism

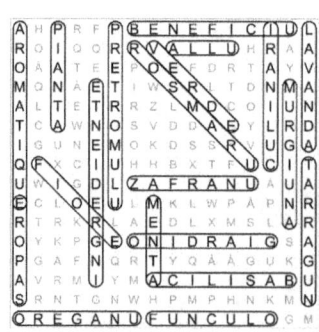

48 - Vehicles

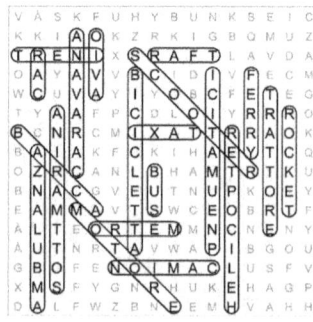

49 - Health and Wellness #1

50 - Town

51 - Antarctica

52 - Ballet

53 - Human Body

54 - Musical Instruments

55 - Fruit

56 - Engineering

57 - Government

58 - Art Supplies

59 - Science Fiction

60 - Geometry

61 - Creativity

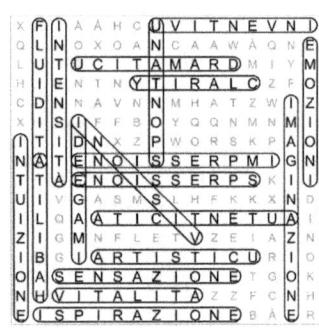

62 - Airplanes

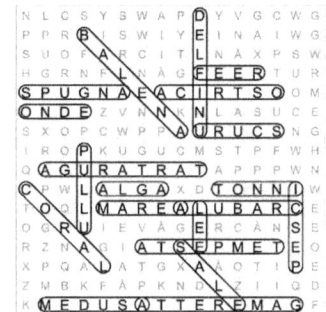

63 - Ocean

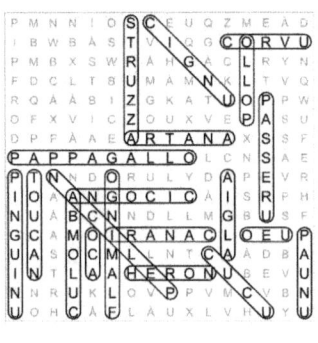

64 - Birds

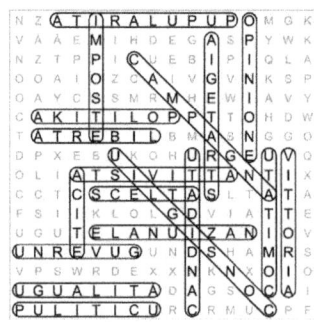

65 - Politics

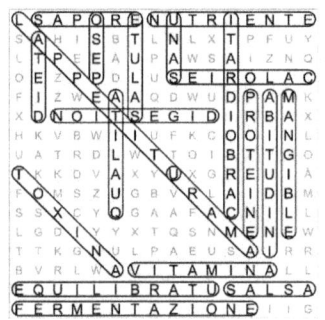

66 - Nutrition

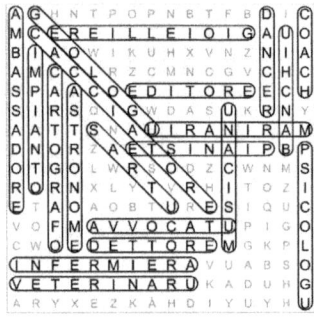

67 - Professions #1

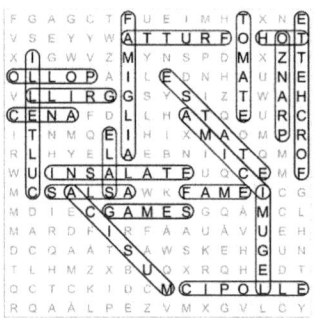

68 - Barbecues

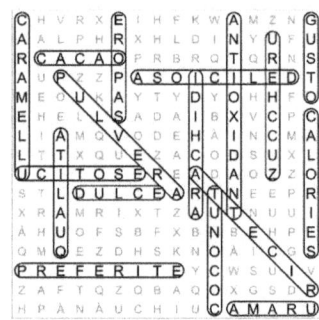

69 - Chocolate

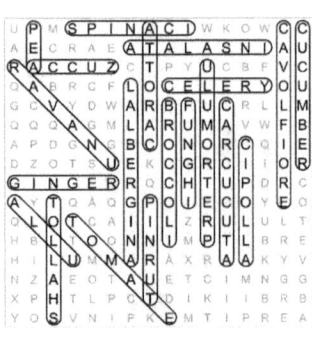

70 - Vegetables

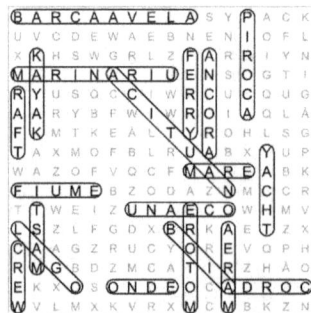

71 - Boats

72 - Activities and Leisure

73 - Driving

74 - Biology

75 - Professions #2

76 - Mythology

77 - Agronomy

78 - Hair Types

79 - Garden

80 - Diplomacy

81 - Countries #1

82 - Adjectives #1

83 - Rainforest

84 - Global Warming

85 - Landscapes

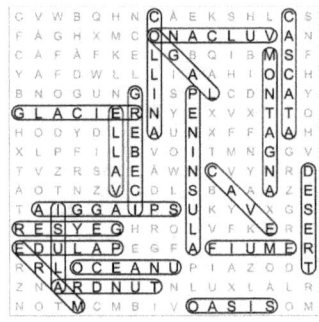

86 - Visual Arts

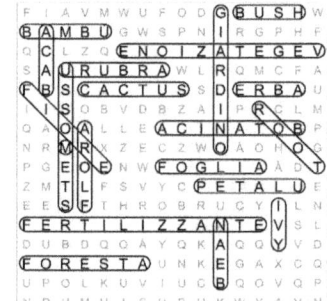

87 - Plants

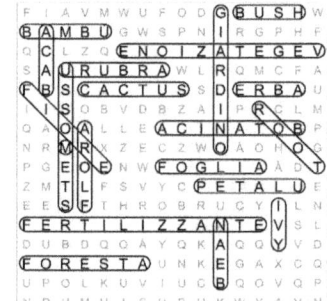

88 - Boxing

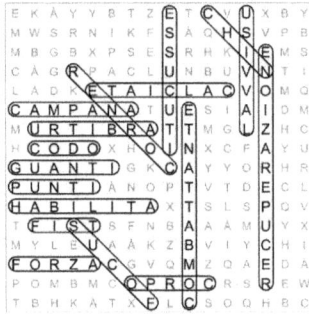

89 - Countries #2

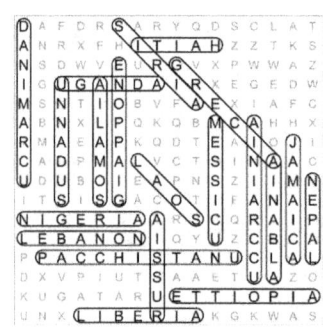

90 - Adjectives #2

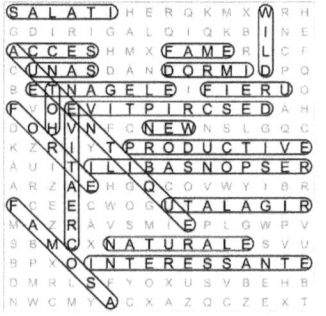

91 - Psychology

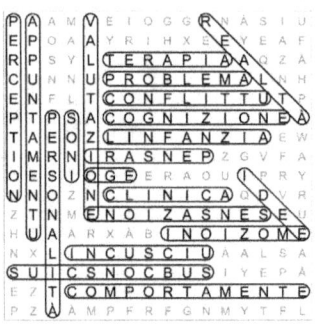

92 - Water

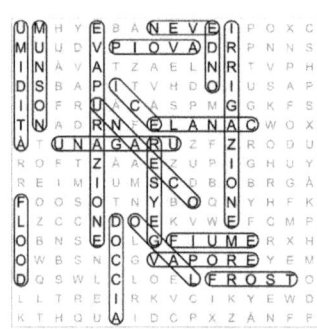

93 - Business

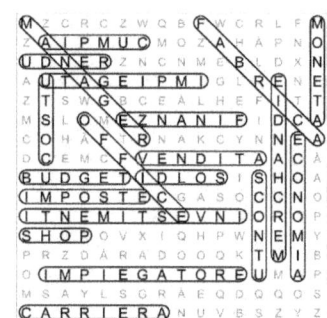

94 - The Company

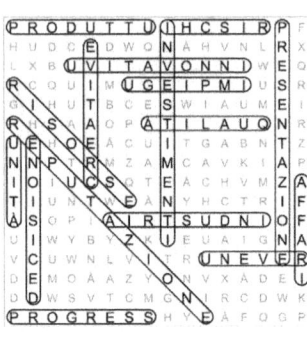

95 - Literature

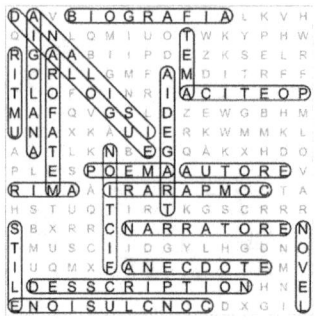

96 - Geography

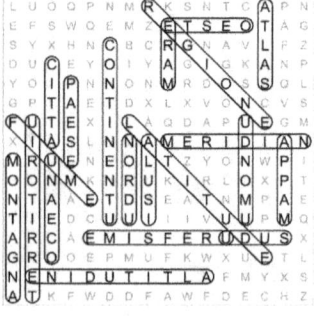

97 - Jazz

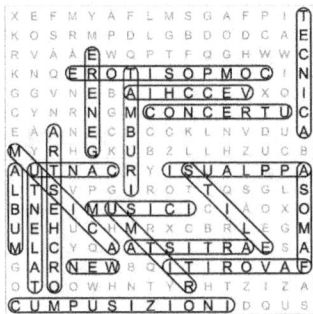

98 - Nature

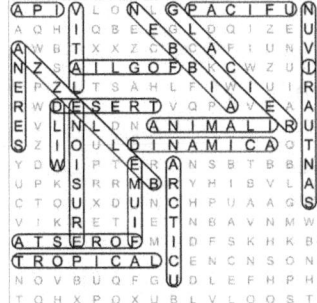

99 - Vacation #2

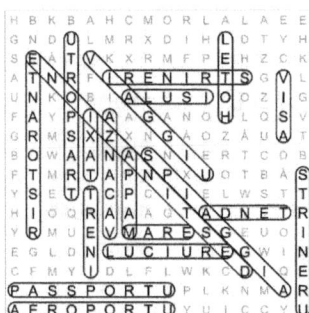

100 - Electricity

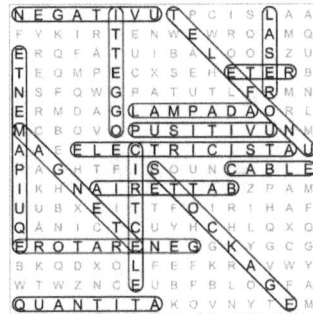

Dictionary

Activities and Leisure
Attività è Divertimentu

Art	Art
Baseball	Baseball
Basketball	Basketball
Boxing	Boxing
Diving	Immersione
Fishing	Pesca
Gardening	Giardinari
Golf	Golf
Hiking	Camminata
Painting	Pittura
Relaxing	Rilassante
Soccer	Calcio
Surfing	Surfing
Swimming	Natatura
Tennis	Tennis
Travel	Viaggiu
Volleyball	Volleyball

Adjectives #1
Aggettivi #1

Absolute	Assoluta
Ambitious	Ambizionu
Aromatic	Aromatique
Artistic	Artisticu
Attractive	Attranti
Beautiful	Bellu
Dark	Scuru
Exotic	Esoticu
Generous	Generosi
Happy	Felici
Heavy	Pesante
Helpful	Aiutu
Honest	Onestu
Identical	Identique
Important	Importante
Modern	Modernu
Serious	Seriu
Slow	Lento
Thin	Thin
Valuable	Value

Adjectives #2
Aggettivi #2

Authentic	Autentique
Creative	Creative
Descriptive	Descriptive
Dry	Secca
Elegant	Elegante
Famous	Famosa
Gifted	Rigalatu
Healthy	Sanu
Hot	Hot
Hungry	Fame
Interesting	Interessante
Natural	Naturale
New	New
Productive	Productive
Proud	Fieru
Responsible	Responsabili
Salty	Salati
Sleepy	Dormi
Strong	Forte
Wild	Wild

Adventure
Aventura

Activity	Attività
Beauty	Bellezza
Bravery	Curvage
Chance	Chance
Dangerous	Pericolu
Destination	Destinazione
Difficulty	Difficultà
Enthusiasm	Entusiasmu
Excursion	Escursione
Friends	Amici
Itinerary	Itinerari
Joy	Gioia
Nature	Natura
Navigation	Navigazione
New	New
Opportunity	Opportunità
Preparation	Preparazione
Safety	Sicurezza
Unusual	Insolitu

Agronomy
Agronomia

Agriculture	Agricultura
Diseases	Maladie
Ecology	Ecologia
Energy	Energia
Environment	Ambiente
Erosion	Erusione
Fertilizer	Fertilizzante
Growth	Crescita
Organic	Biologica
Plants	Piante
Pollution	Pollution
Production	Produzione
Research	Ricerca
Rural	Rural
Science	A Scienza
Seeds	Semi
Study	Studia
Systems	Sistemi
Vegetables	Legumi
Water	Acqua

Airplanes
Aviò

Adventure	Avventura
Air	Air
Altitude	Altitudine
Atmosphere	Atmosfera
Balloon	Palloncino
Construction	Custruzione
Crew	Crew
Descent	Descente
Design	Design
Engine	Motore
Fuel	Carburante
Height	Altezza
History	Storia
Hydrogen	Idrogenu
Landing	Atterru
Passenger	Passager
Pilot	Pilota
Propellers	Elici
Sky	Cielu
Turbulence	Turbulenza

Algebra
Algebra

Diagram	Diagramma
Equation	Equazione
Exponent	Esponente
Factor	Fattore
False	False
Formula	Formula
Fraction	Frazion
Graph	Grafica
Infinite	Infinitu
Linear	Lineari
Matrix	Matrice
Number	Numru
Parenthesis	Parentesi
Problem	Problema
Quantity	Quantità
Simplify	Semplificate
Solution	Soluzione
Subtraction	Stustrazione
Variable	Variable
Zero	Zeru

Antarctica
Antartida

Bay	Bay
Birds	Accelli
Clouds	Nuvi
Conservation	Conservazione
Continent	Continentu
Cove	Cave
Environment	Ambiente
Expedition	Spedizione
Geography	Geografia
Glaciers	Glaciari
Ice	Ice
Islands	Isule
Migration	Migrazione
Peninsula	Peninsula
Researcher	Ricercatrice
Rocky	Rocky
Scientific	Scientifiche
Temperature	Temperature
Topography	Topografia
Water	Acqua

Antiques
Antichi

Art	Art
Auction	Asta
Authentic	Autentique
Century	Seculu
Coins	Monete
Decades	Decenni
Decorative	Decurativa
Elegant	Elegante
Furniture	Mobili
Gallery	Galeria
Investment	Investimenti
Jewelry	Gioielli
Old	Vecchia
Price	Prezzu
Quality	Qualità
Restoration	Restaurazione
Sculpture	Scultura
Style	Stile
Unusual	Insolitu
Value	Valore

Archeology
Archeologia

Analysis	Analisi
Antiquity	Antichità
Bones	Osse
Descendant	Descendant
Era	Era
Evaluation	Valutazione
Expert	Espertu
Forgotten	Sminticatu
Fossil	Fossili
Mystery	Misteru
Objects	Oggetti
Professor	Prufessore
Relic	Reliqua
Researcher	Ricercatrice
Team	Squadra
Temple	Tempu
Tomb	Tambu
Unknown	Sconosciuta
Years	Anni

Art Supplies
Forniture D'Arte

Acrylic	Acrilicu
Brushes	Spazzi
Camera	Camera
Chair	Sedia
Clay	Clay
Colors	Culuri
Creativity	Creatività
Easel	Cavallette
Eraser	Gomma
Glue	Colla
Ideas	Idee
Ink	Inchiustra
Oil	Oliu
Paper	Carta
Pencils	Matiti
Table	Tabella
Water	Acqua
Watercolors	Acquarelli

Astronomy
Astronomia

Asteroid	Asteroide
Astronaut	Astronauta
Astronomer	Astronome
Constellation	Costellazione
Cosmos	Cosmos
Earth	Terra
Eclipse	Eclipse
Equinox	Equinox
Galaxy	Galaxia
Meteor	Meteor
Moon	Luna
Nebula	Nebula
Observatory	Observatoriu
Planet	Pianeta
Radiation	Radiazione
Rocket	Rocket
Satellite	Satellite
Sky	Cielu
Supernova	Supernova
Zodiac	Zodiac

Ballet
Ballet

Applause	Applausi
Artistic	Artisticu
Audience	Audienza
Choreography	Coreografia
Composer	Compositore
Dancers	Balleri
Expressive	Espressive
Gesture	Gestu
Graceful	Graziu
Intensity	Intensità
Muscles	Muscoli
Music	Musica
Orchestra	Orchestra
Practice	Pratica
Rehearsal	Prova
Rhythm	Ritmu
Skill	Habilità
Style	Stile
Technique	Tecnica

Barbecues
Barbecue

Chicken	Pollo
Dinner	Cena
Family	Famiglia
Forks	Forchette
Friends	Amici
Fruit	Frutta
Games	Games
Grill	Grill
Hot	Hot
Hunger	Fame
Knives	Cultelli
Lunch	Pranzo
Music	Musica
Onions	Cipolle
Salads	Insalate
Salt	Sale
Sauce	Salsa
Summer	Estate
Tomatoes	Tomate
Vegetables	Legumi

Beauty
Bellezza

Charm	Charm
Color	Colore
Cosmetics	Cosmetici
Curls	Curli
Elegance	Eleganza
Elegant	Elegante
Fragrance	Fragranza
Grace	Grazia
Lipstick	Rossetti
Makeup	Custituisci
Mascara	Mascara
Mirror	Specchiu
Photogenic	Fotogènica
Scissors	Forbici
Services	Servizi
Shampoo	Shampoo
Skin	Pelle
Stylist	Stilista

Bees
Api

Beneficial	Beneficiu
Blossom	Fiore
Diversity	Diversità
Ecosystem	Ecosistema
Flowers	Fiori
Fruit	Frutta
Garden	Giardino
Honey	Mele
Insect	Insectu
Plants	Piante
Pollen	Pollene
Pollinator	Pollinatore
Queen	Reina
Smoke	Fumà
Sun	Sole
Swarm	Swarm
Wax	Cera
Wings	Ali

Biology
Biologia

Anatomy	Anatomia
Bacteria	Batteri
Cell	Cellula
Chromosome	Cromusoma
Collagen	Collagene
Embryo	Embriu
Enzyme	Enzime
Evolution	Evoluzione
Hormone	Ormonu
Mammal	Mammifu
Mutation	Mutazione
Natural	Naturale
Nerve	Nervu
Neuron	Neurona
Osmosis	Osmosi
Photosynthesis	Fotosintesi
Protein	Proteina
Reptile	Reptile
Symbiosis	Simbiosi
Synapse	Sinapsi

Birds
Uccelli

Canary	Canari
Chicken	Pollo
Crow	Corvu
Cuckoo	Cucu
Dove	Culomba
Duck	Anatra
Eagle	Aigla
Egg	Oeu
Flamingo	Flamingo
Goose	Oca
Heron	Heron
Ostrich	Struzza
Parrot	Pappagallo
Peacock	Paunu
Pelican	Pelican
Penguin	Pinguinu
Sparrow	Passeru
Stork	Cicogna
Swan	Cignu
Toucan	Toucan

Boats
Barche

Anchor	Ancora
Buoy	Boia
Canoe	Piroca
Crew	Crew
Engine	Motore
Ferry	Ferry
Kayak	Kayak
Lake	Lago
Mast	Mast
Nautical	Nautica
Ocean	Oceanu
Raft	Raft
River	Fiume
Rope	Corda
Sailboat	Barca a Vela
Sailor	Marinariu
Sea	Mare
Tide	Marea
Waves	Onde
Yacht	Yacht

Books
Libri

Adventure	Avventura
Author	Autore
Collection	Collection
Context	Context
Duality	Dualità
Epic	Epica
Historical	Storica
Humorous	Umoristicu
Inventive	Inventivu
Literary	Letterari
Narrator	Narratore
Novel	Novel
Page	Pagina
Poem	Poema
Poetry	Pesia
Reader	Lettore
Relevant	Relevant
Story	Storia
Tragic	Tragica
Written	Scritta

Boxing
U Pugilatu

Bell	Campana
Body	Corpo
Chin	Chin
Corner	Corner
Elbow	Codo
Exhausted	Essucuti
Fighter	Combattante
Fist	Fist
Focus	Focus
Gloves	Guanti
Kick	Calciate
Opponent	L'Avvisu
Points	Punti
Recovery	Recuperazione
Referee	Arbitru
Skill	Habilità
Strength	Forza

Buildings
Edifici

Apartment	Appartamentu
Barn	Barn
Cabin	Cabina
Castle	Castellu
Cinema	Cinema
Embassy	Ambasciata
Factory	Fabrica
Farm	Ferma
Hospital	L'Ospitalu
Hotel	Hotel
Laboratory	Laboratoriu
Museum	Museu
Observatory	Observatoriu
School	Scuola
Stadium	Stadium
Supermarket	Supermercatu
Tent	Tenda
Theater	Teatru
Tower	Torre
University	Università

Business
Affari

Budget	Budget
Career	Carriera
Company	Cumpia
Cost	Costu
Currency	Moneta
Discount	Scontu
Economics	Economia
Employee	Impiegatu
Employer	Impiegatore
Factory	Fabrica
Finance	Finanze
Income	Rendu
Investment	Investimenti
Manager	Manager
Merchandise	Merchandie
Money	Soldi
Office	Office
Sale	Vendita
Shop	Shop
Taxes	Imposte

Camping
Campeghju

Adventure	Avventura
Animals	Animali
Cabin	Cabina
Canoe	Piroca
Compass	Bussola
Fire	Feu
Forest	Foresta
Fun	Fun
Hammock	Hammock
Hat	Hat
Hunting	Caccia
Insect	Insectu
Lake	Lago
Map	Mappa
Moon	Luna
Mountain	Montagna
Nature	Natura
Rope	Corda
Tent	Tenda
Trees	Arburi

Chemistry
Chimica

Acid	Acidu
Alkaline	Alkaline
Atomic	Atomica
Carbon	Carburu
Catalyst	Catalizzatore
Chlorine	Chloru
Electron	Electron
Enzyme	Enzime
Gas	Gas
Heat	Calore
Hydrogen	Idrogenu
Ion	Ion
Liquid	Liquid
Molecule	Molecula
Nuclear	Nucleari
Organic	Biologica
Oxygen	Ossigenu
Salt	Sale
Temperature	Temperature
Weight	Peso

Chess
Scacchi

Black	Neru
Champion	Campione
Contest	Concursu
Diagonal	Diagonal
Game	Game
King	Re
Opponent	L'Avvisu
Passive	Passivu
Player	Jucatore
Points	Punti
Queen	Reina
Rules	Règle
Sacrifice	Sacrificio
Strategy	Strategia
Time	Tempu
Tournament	Torneo
White	Biancu

Chocolate
Cioccolata

Antioxidant	Antioxidant
Bitter	Amaru
Cacao	Cacao
Calories	Calories
Caramel	Caramellu
Coconut	Coconut
Delicious	Deliciosa
Exotic	Esoticu
Favorite	Preferite
Flavor	Sapore
Ingredient	Ingrediente
Peanuts	Arachidi
Powder	Pulvera
Quality	Qualità
Recipe	Ricetta
Sugar	Zuccheru
Sweet	Dulce
Taste	Gusto

Climbing
Arrampicata

Altitude	Altitudine
Atmosphere	Atmosfera
Boots	Stivali
Cave	Cave
Curiosity	Curiosità
Expert	Espertu
Gloves	Guanti
Guides	Guide
Helmet	Cascu
Hiking	Camminata
Injury	Ferita
Map	Mappa
Narrow	Strettu
Physical	Fisica
Stability	Stabilità
Strength	Forza
Training	Formazione

Clothes
Vestiti

Apron	Grandardu
Belt	Cintura
Blouse	Blusa
Bracelet	Bracelet
Coat	Coat
Dress	Vestitu
Fashion	Moda
Gloves	Guanti
Hat	Hat
Jacket	Giacca
Jeans	Jeans
Jewelry	Gioielli
Pajamas	Pigiama
Pants	Pantaloni
Sandals	Sandali
Scarf	Foulard
Shirt	Camicia
Shoe	Scarpa
Skirt	Gonna
Sweater	Sweater

Colors
Culori

Azure	Azuru
Beige	Beige
Black	Neru
Blue	Turchinu
Brown	Marrone
Cyan	Cyan
Fuchsia	Fuchsia
Green	Verde
Grey	Grisgiu
Magenta	Magenta
Orange	Aranciu
Pink	Rosa
Purple	Purpura
Red	Rossu
Violet	Viola
White	Biancu
Yellow	Ghjallu

Countries #1
Paesi #1

Brazil	Brasile
Canada	Canada
Egypt	Egittu
Finland	Finlandia
Germany	Alemagna
Iraq	Iraccu
Israel	Israele
Italy	Italia
Latvia	Latvia
Libya	Libia
Morocco	Maroccu
Nicaragua	Nicaragua
Norway	Nurvegia
Panama	Panama
Poland	Pulonia
Romania	Rumenia
Senegal	Senegallu
Spain	Spagna
Venezuela	Venezuela
Vietnam	Vietnam

Countries #2
Paesi #2

Albania	Albania
Denmark	Danimarcu
Ethiopia	Ettiopia
Greece	Grecia
Haiti	Haiti
Jamaica	Jamaica
Japan	Giappone
Laos	Laos
Lebanon	Lebanon
Liberia	Liberia
Mexico	Messicu
Nepal	Nepal
Nigeria	Nigeria
Pakistan	Pacchistanu
Russia	Russia
Somalia	Somalia
Sudan	Sudannu
Syria	Siria
Uganda	Uganda
Ukraine	Uccrainia

Creativity
Creatività

Artistic	Artisticu
Authenticity	Autenticità
Clarity	Clarity
Dramatic	Dramaticu
Emotions	Emozioni
Expression	Spressione
Fluidity	Fluidità
Ideas	Idee
Image	Image
Imagination	Imaginazione
Impression	Impressione
Inspiration	Ispirazione
Intensity	Intensità
Intuition	Intuizione
Inventive	Inventivu
Sensation	Sensazione
Skill	Habilità
Spontaneous	Spontanu
Visions	Visioni
Vitality	Vitalità

Dance
Danza

Academy	Accademia
Art	Art
Body	Corpo
Choreography	Coreografia
Classical	Classica
Cultural	Culturali
Culture	Cultura
Emotion	Emozione
Expressive	Espressive
Grace	Grazia
Joyful	Giigu
Movement	Movimentu
Music	Musica
Partner	Partner
Posture	Postura
Rehearsal	Prova
Rhythm	Ritmu
Traditional	Tradizionale
Visual	Visual

Days and Months
Ghjorni è Mesi

April	Aprile
August	Aostu
Calendar	Calendari
February	Febbraiu
Friday	Vennari
January	Ghjinnaghju
July	Lugliu
March	Marzu
Monday	Luni
Month	Mese
November	Nuvembre
October	Ottobre
Saturday	Sabatu
September	Sittembre
Sunday	Dumenica
Thursday	Ghjovi
Tuesday	Marti
Wednesday	Marcuri
Week	Settimana
Year	Annu

Diplomacy
Diplomazia

Adviser	Consiglier
Ambassador	Ambassadore
Citizens	Cittadini
Community	Cumunità
Conflict	Conflittu
Cooperation	Cuperatura
Diplomatic	Diplomaticu
Discussion	Discussion
Embassy	Ambasciata
Ethics	Etica
Foreign	Strineri
Government	Guvernu
Humanitarian	Umanitari
Integrity	Integrità
Justice	Giustizia
Politics	Politika
Resolution	Risoluzione
Security	Sicurezza
Solution	Soluzione
Treaty	Trattatu

Disease
A Malatia

Abdominal	Abdominale
Allergies	Allergie
Bacterial	Bacteriale
Body	Corpo
Bones	Osse
Chronic	Cronica
Contagious	Cuntagiosu
Genetic	Genetica
Health	A Salute
Heart	Coru
Hereditary	Ereditari
Immunity	Immunità
Inflammation	Inflammazione
Lumbar	Lumbar
Neuropathy	Neuropatia
Pathogens	Patogeni
Respiratory	Respiratoria
Syndrome	Sindrome
Therapy	Terapia
Weak	Deblu

Driving
Cunduce

Accident	Accident
Brakes	Freni
Car	Car
Danger	Periculu
Driver	Conduttore
Fuel	Carburante
Garage	Garage
Gas	Gas
License	Licenza
Map	Mappa
Motor	Motore
Motorcycle	Moto
Pedestrian	Pedonu
Police	Polizia
Safety	Sicurezza
Speed	Velocità
Street	Strada
Traffic	Traffic
Truck	Camion
Tunnel	Tunnel

Electricity
Elettricità

Battery	Batteria
Cable	Cable
Electric	Electric
Electrician	Electricista
Equipment	Equipamente
Generator	Generatore
Lamp	Lampada
Laser	Laser
Magnet	Magnete
Negative	Negativu
Network	Rete
Objects	Oggetti
Positive	Pusitivu
Quantity	Quantità
Storage	Stockage
Telephone	Telefonu
Television	Televisione

Energy
Energia

Battery	Batteria
Carbon	Carburu
Diesel	Diesel
Electric	Electric
Electron	Electron
Entropy	Entropia
Environment	Ambiente
Fuel	Carburante
Gasoline	Gasoline
Heat	Calore
Hydrogen	Idrogenu
Industry	Industria
Motor	Motore
Nuclear	Nucleari
Photon	Fotonu
Pollution	Pollution
Renewable	Rinnovabile
Steam	Vapore
Turbine	Turbina
Wind	Ventu

Engineering
Ingegneria

Angle	Angle
Axis	Asse
Calculation	Calculu
Construction	Custruzione
Depth	Profundu
Diagram	Diagramma
Diameter	Diametre
Diesel	Diesel
Distribution	Distribuzione
Energy	Energia
Friction	Frction
Gears	Ingranaggi
Liquid	Liquid
Machine	Machine
Measurement	Misura
Motor	Motore
Propulsion	Propulsione
Stability	Stabilità
Strength	Forza
Structure	Struttura

Ethics
Etica

Altruism	Altruismu
Compassion	Compassion
Cooperation	Cuperatura
Dignity	Dignità
Diplomatic	Diplomaticu
Honesty	Onestà
Humanity	Umanità
Integrity	Integrità
Kindness	Genità
Optimism	Ottimismu
Patience	Pacienza
Philosophy	Filusufia
Rationality	Razionalità
Realism	Realismu
Reasonable	Ragiunabile
Respectful	Rispettu
Tolerance	Tolerance
Values	Valori
Wisdom	A Savizza

Family
Famiglia

Ancestor	Anciatu
Aunt	Zia
Brother	Fratellu
Child	Cidellu
Childhood	L'Infanzia
Cousin	Cuginu
Daughter	Figliola
Father	Babbu
Grandfather	Babbone
Grandmother	Mammone
Grandson	Nipote
Husband	Martu
Maternal	Maternale
Mother	Mamma
Nephew	Nipote
Niece	Nipote
Paternal	Patru
Sister	Surella
Uncle	Ziu
Wife	Moglia

Farm #1
Ferma #1

Agriculture	Agricultura
Bee	Ape
Bison	Bison
Calf	Vicellu
Cat	Cat
Chicken	Pollo
Cow	Vacca
Crow	Corvu
Dog	Cani
Donkey	Sumeru
Fence	Fence
Fertilizer	Fertilizzante
Field	Campo
Goat	Capruna
Hay	Hay
Honey	Mele
Horse	Cavallu
Rice	Rice
Seeds	Semi
Water	Acqua

Farm #2
Ferma #2

Animals	Animali
Barley	Orzo
Barn	Barn
Beehive	Apione
Corn	Corn
Duck	Anatra
Farmer	Agriculatore
Fruit	Frutta
Irrigation	Irrigazione
Lamb	Agnellu
Llama	Llama
Meadow	Pratu
Milk	Latte
Orchard	Frutte
Sheep	Pecura
Tractor	Trattore
Vegetable	Vegetale
Wheat	Fru

Fishing
A Pesca

Bait	Bait
Basket	Cesta
Beach	Spiaggia
Boat	Barca
Cook	Cucina
Equipment	Equipamente
Exaggeration	Esaggerazione
Gills	Gilli
Hook	Gancio
Jaw	Mascula
Lake	Lago
Ocean	Oceanu
Patience	Pacienza
River	Fiume
Season	Stagione
Water	Acqua
Weight	Peso
Wire	Filu

Food #1
Alimentazione #1

Apricot	Albicotu
Barley	Orzo
Basil	Basilica
Carrot	Carotta
Cinnamon	Cannella
Garlic	Allu
Juice	Sucu
Lemon	Limone
Milk	Latte
Onion	Cipolla
Peanut	Arachidi
Pear	Pera
Salad	Insalata
Salt	Sale
Soup	Zuppa
Spinach	Spinaci
Strawberry	Fragola
Sugar	Zuccheru
Tuna	Tonni
Turnip	Turnip

Food #2
Alimentazione #2

Apple	Apple
Artichoke	Carcucuta
Banana	Banana
Broccoli	Broccoli
Celery	Celery
Cheese	Furmagliu
Cherry	Cherry
Chicken	Pollo
Chocolate	Cioccolata
Egg	Oeu
Eggplant	L'Albergina
Fish	Pesci
Grape	Uva
Ham	Ham
Kiwi	Kiwi
Mushroom	Funghi
Rice	Rice
Tomato	Tomate
Wheat	Fru
Yogurt	Yogurt

Fruit
Frutta

Apple	Apple
Apricot	Albicotu
Avocado	Avocado
Banana	Banana
Berry	Baca
Cherry	Cherry
Coconut	Coconut
Fig	Fig
Grape	Uva
Guava	Guava
Kiwi	Kiwi
Lemon	Limone
Mango	Mango
Melon	Meloni
Nectarine	Nectarina
Papaya	Papaia
Peach	Pesca
Pear	Pera
Pineapple	Ananas
Raspberry	Lampone

Garden
Giardinu

Bench	Banchu
Bush	Bush
Fence	Fence
Flower	Fiore
Garage	Garage
Garden	Giardino
Grass	Erba
Hammock	Hammock
Hose	Hose
Lawn	Prazone
Orchard	Frutte
Pond	Pond
Rake	Rastu
Shovel	Pala
Soil	Terra
Terrace	Terrassa
Trampoline	Trampoline
Tree	Arburu
Vine	Vigne

Gardening
Giardinu

Blossom	Fiore
Botanical	Botanica
Bouquet	Bouquet
Climate	Clima
Compost	Composta
Container	Container
Dirt	Dirt
Edible	Mangible
Exotic	Esoticu
Floral	Florali
Foliage	Foglia
Hose	Hose
Moisture	Umidità
Orchard	Frutte
Seasonal	Stagiunale
Seeds	Semi
Soil	Terra
Water	Acqua

Geography
Geografia

Altitude	Altitudine
Atlas	Atlas
City	Città
Continent	Continentu
Country	Paese
Hemisphere	Emisferu
Island	Isula
Latitude	Latitude
Map	Mappa
Meridian	Meridian
Mountain	Montagna
North	Nordu
Ocean	Oceanu
Region	Regione
River	Fiume
Sea	Mare
South	Sudu
Territory	Territoriu
West	Oeste
World	U Mondu

Geology
Geologia

Acid	Acidu
Calcium	Calcium
Cavern	Caverna
Continent	Continentu
Coral	Coral
Crystals	Cristalli
Cycles	Cicli
Earthquake	Termotu
Erosion	Erusione
Fossil	Fossili
Geyser	Geyser
Lava	Lava
Layer	Strato
Minerals	Minerali
Plateau	Plateau
Quartz	Quartz
Salt	Sale
Stalactite	Stalactite
Stone	Petra
Volcano	Vulcano

Geometry
Geometria

Angle	Angle
Calculation	Calculu
Circle	Circulu
Curve	Curve
Diameter	Diametre
Dimension	Dimensione
Equation	Equazione
Height	Altezza
Horizontal	Orizontale
Logic	Logica
Mass	Messa
Median	Mediana
Number	Numru
Parallel	Parallel
Proportion	Propursione
Segment	Segmentu
Surface	Superficie
Symmetry	Simmetria
Theory	A Teoria
Triangle	Triangulu

Global Warming
Riscaldamentu Climaticu

Arctic	Arcticu
Attention	Attenzione
Climate	Clima
Consequences	Conseguenze
Crisis	Crisi
Data	Data
Development	U Sviluppu
Energy	Energia
Environmental	Ambientale
Future	Futuru
Gas	Gas
Generations	Generazioni
Government	Guvernu
Industry	Industria
Legislation	Legislazione
Now	Ora
Populations	Pubulazioni
Scientist	Scientistu
Temperatures	Temperature

Government
Guvernu

Citizenship	Cittadinanza
Civil	Civile
Constitution	Cituzione
Democracy	Demucrazia
Discussion	Discussion
Equality	Ugualità
Independence	Indipendenza
Judicial	Giudiziale
Justice	Giustizia
Law	Legge
Liberty	Libertà
Monument	Monumentu
Nation	Natura
National	Naziunale
Peaceful	Pacifu
Politics	Politika
Speech	Discursu
State	Statu
Symbol	Simbolu

Hair Types
Tipi di Capelli

Bald	Calva
Black	Neru
Blond	Biondu
Braided	Trecciata
Braids	Trecci
Brown	Marrone
Colored	Culurata
Curls	Curli
Curly	Ricciu
Dry	Secca
Gray	Grisgiu
Healthy	Sanu
Long	Longue
Shiny	Brillante
Short	Cortu
Soft	Soft
Thick	Grossa
Thin	Thin
Wavy	Ondulata
White	Biancu

Health and Wellness #1
Salute è Benessere #1

Active	Attivi
Bacteria	Batteri
Bones	Osse
Clinic	Clinica
Doctor	Dettore
Fracture	Fratture
Habit	Abitudine
Height	Altezza
Hormones	Ormoni
Hunger	Fame
Medicine	Midicina
Muscles	Muscoli
Nerves	Nervi
Pharmacy	Farmacia
Reflex	Reflex
Relaxation	Relaxazione
Skin	Pelle
Therapy	Terapia
Treatment	Trattamentu
Virus	Virus

Health and Wellness #2
Salute è Benessere #2

Allergy	Allergia
Anatomy	Anatomia
Appetite	L'Appetitu
Blood	Sangue
Calorie	Calorie
Diet	Dieta
Disease	A Maladia
Energy	Energia
Genetics	Genetica
Healthy	Sanu
Hospital	L'Ospitalu
Hygiene	Igiene
Infection	Infection
Massage	Massaggiu
Mood	Umore
Nutrition	Nutrizione
Recovery	Recuperazione
Stress	Stress
Vitamin	Vitamina
Weight	Peso

Herbalism
Erboristeria

Aromatic	Aromatique
Basil	Basilica
Beneficial	Beneficiu
Culinary	Culinari
Fennel	Funculo
Flavor	Sapore
Flower	Fiore
Garden	Giardino
Garlic	Allu
Green	Verde
Ingredient	Ingrediente
Lavender	Lavanda
Marjoram	Murgiuna
Mint	Menta
Oregano	Oreganu
Parsley	Pretromulu
Plant	Pianta
Rosemary	Rosmaru
Saffron	Zafranu
Tarragon	Tarragun

House
Casa

Attic	Attic
Broom	Scopa
Curtains	Tendaine
Door	Porta
Fence	Fence
Fireplace	Camina
Floor	Piano
Furniture	Mobili
Garage	Garage
Garden	Giardino
Keys	Chiavi
Kitchen	Cucina
Lamp	Lampada
Library	Biblioteca
Mirror	Specchiu
Roof	Tettu
Room	Sala
Shower	Doccia
Wall	Muru
Window	Finestra

Human Body
Corpu Umanu

Ankle	Anchilla
Blood	Sangue
Bones	Osse
Brain	Brain
Chin	Chin
Ear	Oreccha
Elbow	Codo
Face	Faccia
Finger	Dite
Hand	Manu
Head	Testa
Heart	Coru
Jaw	Mascula
Knee	Ghjinochju
Leg	Leg
Mouth	Bocca
Neck	Collu
Nose	Nassu
Shoulder	Spalla
Skin	Pelle

Insects
Insetti

Ant	Ant
Aphid	Aphid
Bee	Ape
Beetle	Scarabella
Butterfly	Farfalla
Cicada	Cicada
Cockroach	Battu
Dragonfly	Libellula
Flea	Flea
Grasshopper	Grasshopper
Ladybug	Coccinella
Larva	Larva
Locust	Lugusta
Mantis	Mantis
Mosquito	Mosquito
Termite	Termitu
Wasp	Wasp
Worm	Verme

Jazz
Jazz

Album	Album
Applause	Applausi
Artist	Artista
Composer	Compositore
Composition	Cumpusizioni
Concert	Concertu
Drums	Tamburi
Famous	Famosa
Favorites	Favoriti
Genre	Genere
Music	Musica
Musicians	Musici
New	New
Old	Vecchia
Orchestra	Orchestra
Rhythm	Ritmu
Song	Cantu
Style	Stile
Talent	Talentu
Technique	Tecnica

Landscapes
Paesaggi

Beach	Spiaggia
Cave	Cave
Desert	Desert
Geyser	Geyser
Glacier	Glacier
Hill	Collina
Iceberg	Iceberg
Island	Isula
Lake	Lago
Mountain	Montagna
Oasis	Oasis
Ocean	Oceanu
Peninsula	Peninsula
River	Fiume
Sea	Mare
Swamp	Palude
Tundra	Tundra
Valley	Valle
Volcano	Vulcano
Waterfall	Cascata

Literature
Literatura

Analogy	Analogia
Analysis	Analisi
Anecdote	Anecdote
Author	Autore
Biography	Biografia
Comparison	Comparari
Conclusion	Conclusione
Description	Desscription
Dialogue	Dialogue
Fiction	Fiction
Metaphor	Metafora
Narrator	Narratore
Novel	Novel
Poem	Poema
Poetic	Poetica
Rhyme	Rima
Rhythm	Ritmu
Style	Stile
Theme	Tema
Tragedy	Tragedia

Mammals
Mammiferi

Bear	Orsu
Beaver	Castoru
Bull	Bull
Cat	Cat
Coyote	Coyote
Dog	Cani
Dolphin	Delfinu
Elephant	Elefante
Fox	Fox
Giraffe	Giraffe
Gorilla	Gorilla
Horse	Cavallu
Kangaroo	Canguru
Lion	Leone
Monkey	Scimmia
Rabbit	Conigliu
Sheep	Pecura
Whale	Balena
Wolf	Lupu
Zebra	Zebra

Measurements
Misurazioni

Byte	Byte
Centimeter	Centimetre
Decimal	Decimal
Degree	Gradu
Depth	Profundu
Gram	Gram
Height	Altezza
Inch	Inch
Kilogram	Kilogramma
Kilometer	Kilometru
Length	Lunghezza
Liter	Litre
Mass	Messa
Meter	Metru
Minute	Minutu
Ounce	Uncia
Ton	Ton
Weight	Peso
Width	Larghezza

Meditation
Meditazione

Acceptance	Accettazione
Attention	Attenzione
Awake	Svegliu
Breathing	Respirazione
Calm	Calme
Clarity	Clarity
Compassion	Compassion
Emotions	Emozioni
Gratitude	Gratitude
Habits	Abitudini
Kindness	Genità
Mental	Mentale
Mind	Mente
Movement	Movimentu
Music	Musica
Nature	Natura
Peace	Pace
Perspective	Perspective
Silence	Silenzio
Thoughts	Pensari

Music
Musica

Album	Album
Ballad	Ballata
Chorus	Coru
Classical	Classica
Eclectic	Ecletticu
Harmonic	Armonica
Harmony	Armonia
Instrument	Strumento
Lyrical	Lirica
Melody	Melodia
Microphone	Microfonu
Musical	Musicale
Musician	Musicanu
Opera	Opera
Poetic	Poetica
Recording	Recording
Rhythm	Ritmu
Rhythmic	Ritmica
Sing	Canta
Singer	Cantore

Musical Instruments
Strumenti Musicali

Banjo	Banjo
Bassoon	Fagon
Cello	Cello
Clarinet	Clarinette
Drum	Tamburu
Flute	Flute
Gong	Gong
Guitar	Guitarra
Harmonica	Armonica
Harp	Arpa
Mandolin	Mandolina
Marimba	Marimba
Oboe	Oboe
Piano	Piano
Saxophone	Saxofone
Tambourine	Tambourine
Trombone	Trombone
Trumpet	Trombetta
Violin	Viulino

Mythology
Mitulugia

Archetype	Archetipiu
Behavior	Comportamente
Beliefs	Credenza
Creation	Creazione
Creature	Creatura
Culture	Cultura
Deities	Diità
Disaster	Disastru
Hero	Eroi
Immortality	Immortalità
Jealousy	Gelosa
Labyrinth	Labirintu
Legend	Legenda
Lightning	Lumi
Monster	Mostru
Mortal	Mortal
Revenge	Vendetta
Strength	Forza
Thunder	Tronu
Warrior	Guerreriu

Nature
Natura

Animals	Animali
Arctic	Arcticu
Beauty	Bellezza
Bees	Api
Clouds	Nuvi
Desert	Desert
Dynamic	Dinamica
Erosion	Erusione
Fog	Nebbia
Foliage	Foglia
Forest	Foresta
Glacier	Glacier
Peaceful	Pacifu
River	Fiume
Sanctuary	Santuari
Serene	Serena
Tropical	Tropical
Vital	Vital
Wild	Wild

Numbers
Numeri

Decimal	Decimal
Eight	Ottu
Eighteen	Diciottu
Fifteen	Quindici
Five	Cinque
Four	Quatre
Fourteen	Quattordeci
Nine	Nove
Nineteen	Diciannove
One	Unu
Seven	Sette
Seventeen	Diciassette
Six	Sei
Sixteen	Sedici
Ten	Deci
Thirteen	Tredeci
Three	Tre
Twelve	Dodeci
Twenty	Venti
Two	Due

Nutrition
Nutrition

Appetite	L'Appetitu
Balanced	Equilibratu
Bitter	Amaru
Calories	Calories
Carbohydrates	Carboidrati
Diet	Dieta
Digestion	Digestion
Edible	Mangible
Fermentation	Fermentazione
Flavor	Sapore
Habits	Abitudini
Health	Salute
Healthy	Sanu
Nutrient	Nutriente
Proteins	Proteine
Quality	Qualità
Sauce	Salsa
Toxin	Toxina
Vitamin	Vitamina
Weight	Peso

Ocean
Oceanu

Coral	Coral
Crab	Crabula
Dolphin	Delfinu
Eel	Eel
Fish	Pesci
Jellyfish	Medusa
Octopus	Pullu
Oyster	Ostrica
Reef	Reef
Salt	Sale
Seaweed	Alga
Shark	Scuru
Shrimp	Gameretta
Sponge	Spugna
Storm	Tempesta
Tides	Marea
Tuna	Tonni
Turtle	Tartaruga
Waves	Onde
Whale	Balena

Physics
Fisica

Acceleration	Accelerazione
Atom	Atomu
Chaos	Chaos
Chemical	Chimica
Density	Densità
Electron	Electron
Engine	Motore
Formula	Formula
Frequency	Frequenza
Gas	Gas
Magnetism	Magnetismu
Mass	Messa
Mechanics	Mecanica
Molecule	Molecula
Nuclear	Nucleari
Particle	Particula
Relativity	Relatività
Speed	Velocità
Universal	Universale
Velocity	Velocity

Plants
Piante

Bamboo	Bambù
Bean	Bean
Berry	Baca
Botany	Botanica
Bush	Bush
Cactus	Cactus
Fertilizer	Fertilizzante
Flora	Flora
Flower	Fiore
Foliage	Foglia
Forest	Foresta
Garden	Giardino
Grass	Erba
Ivy	Ivy
Moss	Mossu
Petal	Petalu
Root	Root
Stem	Stem
Tree	Arburu
Vegetation	Vegetazione

Politics
Pulitica

Activist	Attivista
Campaign	Campagna
Candidate	Candidatu
Choice	Scelta
Committee	Comitatu
Council	Consigliu
Equality	Ugualità
Ethics	Etica
Freedom	Libertà
Government	Guvernu
National	Naziunale
Opinion	Opinione
Policy	Politika
Politician	Puliticu
Popularity	Pupularità
Strategy	Strategia
Taxes	Imposte
Victory	Vittoria

Professions #1
Prufessiu #1

Ambassador	Ambassadore
Astronomer	Astronome
Attorney	Avvocatu
Banker	Banchiu
Cartographer	Cartografo
Coach	Coach
Dancer	Dancer
Doctor	Dettore
Editor	Editore
Geologist	Geologu
Hunter	Cacciatore
Jeweler	Gioielliere
Musician	Musicanu
Nurse	Infermiera
Pianist	Pianiste
Plumber	Impianto
Psychologist	Psicologu
Sailor	Marinariu
Tailor	Sartu
Veterinarian	Veterinaru

Professions #2
Prufessiu #2

Astronaut	Astronauta
Biologist	Biologu
Dentist	Dentista
Detective	Detective
Engineer	Ingineru
Farmer	Agriculatore
Gardener	Giardinari
Illustrator	Illustratore
Inventor	Invintu
Journalist	Giurnalista
Librarian	Bibliotecario
Linguist	Lingua
Painter	Pittoru
Philosopher	Filosofu
Photographer	Fotografu
Physician	Médice
Pilot	Pilota
Surgeon	Chirurgano
Teacher	Maestro
Zoologist	Zoologu

Psychology
Psiculugia

Appointment	Appuntamentu
Assessment	Valutazione
Behavior	Comportamente
Childhood	L'Infanzia
Clinical	Clinica
Cognition	Cognizione
Conflict	Conflittu
Dreams	Soni
Ego	Ego
Emotions	Emozioni
Ideas	Idee
Perception	Perception
Personality	Personalità
Problem	Problema
Reality	Realtà
Sensation	Sensazione
Subconscious	Subconscius
Therapy	Terapia
Thoughts	Pensari
Unconscious	Incusciu

Rainforest
Rainforest

Amphibians	Anfibi
Birds	Accelli
Botanical	Botanica
Climate	Clima
Clouds	Nuvi
Community	Cumunità
Diversity	Diversità
Indigenous	Indigenu
Insects	Insecti
Jungle	Jungla
Mammals	Mammiferi
Moss	Mossu
Nature	Natura
Preservation	Conservazione
Refuge	Rifugu
Respect	Rispettu
Restoration	Restaurazione
Survival	Supravvivenza
Valuable	Value

Restaurant #2
Restaurant #2

Cake	Torta
Chair	Sedia
Delicious	Deliciosa
Dinner	Cena
Eggs	Ova
Fish	Pesci
Fork	Forcella
Fruit	Frutta
Ice	Ice
Lunch	Pranzo
Salad	Insalata
Salt	Sale
Soup	Zuppa
Spices	Spizi
Spoon	Cucchiara
Vegetables	Legumi
Waiter	Camerier
Water	Acqua

Science
Scienza

Atom	Atomu
Chemical	Chimica
Climate	Clima
Data	Data
Evolution	Evoluzione
Experiment	Sperimentu
Fact	Fattu
Fossil	Fossili
Gravity	Gravità
Hypothesis	Ipotesi
Laboratory	Laboratoriu
Method	Metu
Minerals	Minerali
Molecules	Molecole
Nature	Natura
Organism	Urganismu
Particles	Particuli
Physics	Fisica
Plants	Piante
Scientist	Scientistu

Science Fiction
Finta Scienza

Atomic	Atomica
Books	Libri
Chemicals	Chimica
Cinema	Cinema
Dystopia	Dystopia
Explosion	Splussione
Extreme	Estreme
Fantastic	Fantastique
Fire	Feu
Futuristic	Futuristica
Galaxy	Galaxia
Illusion	Illusione
Imaginary	Imaginari
Mysterious	Misteriosu
Oracle	Oraculu
Planet	Pianeta
Robots	Robots
Technology	Technology
Utopia	Utopia
World	U Mondu

Scientific Disciplines
Discipline Scientifiche

Anatomy	Anatomia
Archaeology	Archeologia
Astronomy	Astronomia
Biochemistry	Biochimica
Biology	Biologia
Botany	Botanica
Chemistry	Chimica
Ecology	Ecologia
Geology	Geologia
Immunology	Immunologia
Kinesiology	Cinesiologia
Linguistics	Linguistica
Mechanics	Mecanica
Mineralogy	Mineralogia
Neurology	Neurologia
Physiology	Fisiologia
Psychology	Psicologia
Sociology	Sociologia
Thermodynamics	Termodinamica
Zoology	Zoologia

Shapes
Forme

Arc	Arc
Circle	Circulu
Cone	Conu
Corner	Corner
Cube	Cube
Curve	Curve
Cylinder	Cilindru
Edges	Bordi
Ellipse	Ellipse
Hyperbola	Iperbola
Line	Linea
Oval	Ovale
Polygon	Poligone
Prism	Prism
Pyramid	Piramide
Rectangle	Rettangulu
Side	Side
Square	Quadra
Triangle	Triangulu

Spices
Spezie

Anise	Anise
Bitter	Amaru
Cardamom	Cardamome
Cinnamon	Cannella
Coriander	Coriandra
Cumin	Cuminu
Curry	Curry
Fennel	Funculo
Fenugreek	Fenugrecu
Flavor	Sapore
Garlic	Allu
Ginger	Ginger
Licorice	Licorice
Nutmeg	Nutmeg
Onion	Cipolla
Paprika	Paprica
Saffron	Zafranu
Salt	Sale
Sweet	Dulce
Vanilla	Vanilla

Sports
Sports

Athlete	Atleta
Baseball	Baseball
Basketball	Basketball
Bicycle	Bicicletta
Championship	Campionat
Coach	Coach
Game	Game
Golf	Golf
Gymnasium	Ginnasiu
Gymnastics	Ginnastica
Hockey	Hockey
Movement	Movimentu
Player	Jucatore
Referee	Arbitru
Stadium	Stadium
Team	Squadra
Tennis	Tennis
Winner	Vincitori

The Company
A Cumpagnia

Business	Affari
Creative	Creative
Decision	Decisione
Employment	Impiegu
Industry	Industria
Innovative	Innovativu
Investment	Investimenti
Possibility	Pussibilità
Presentation	Presentazione
Product	Produttu
Professional	Prufessiunale
Progress	Progress
Quality	Qualità
Reputation	Reputazione
Resources	Risorse
Revenue	Revenu
Risks	Rischi
Units	Unità

Time
U Tempu

Annual	Annuale
Before	Nanzu
Calendar	Calendari
Century	Seculu
Clock	Clock
Day	Ghjornu
Decade	Decena
Early	Prima
Future	Futuru
Hour	Ora
Minute	Minutu
Month	Mese
Morning	Mane
Night	Notte
Noon	Meziornu
Soon	Prestu
Today	Oggi
Week	Settimana
Year	Annu
Yesterday	Ieri

Town
A Cità

Airport	Aeroportu
Bakery	Pananeria
Bank	Banca
Bookstore	Libreria
Cinema	Cinema
Clinic	Clinica
Florist	Fiorista
Gallery	Galeria
Hotel	Hotel
Library	Biblioteca
Market	Mercatu
Museum	Museu
Pharmacy	Farmacia
School	Scuola
Stadium	Stadium
Store	Store
Supermarket	Supermercatu
Theater	Teatru
University	Università
Zoo	Zoo

Universe
Universu

Asteroid	Asteroide
Astronomer	Astronome
Astronomy	Astronomia
Atmosphere	Atmosfera
Celestial	Celeste
Cosmic	Cosmic
Darkness	Bughjura
Equator	Equatore
Galaxy	Galaxia
Hemisphere	Emisferu
Horizon	L'Orizonte
Latitude	Latitude
Moon	Luna
Orbit	Orbita
Sky	Cielu
Solar	Solare
Solstice	Solstiziu
Telescope	Telescopiu
Visible	Visible
Zodiac	Zodiac

Vacation #2
Vacanze #2

Airport	Aeroportu
Beach	Spiaggia
Destination	Destinazione
Foreign	Strineri
Foreigner	Strineru
Holiday	Vacanza
Hotel	Hotel
Island	Isula
Journey	Viaggiu
Leisure	Luciure
Map	Mappa
Passport	Passportu
Restaurant	Ristorante
Sea	Mare
Taxi	Taxi
Tent	Tenda
Train	Treni
Transportation	Trasportu
Visa	Visa

Vegetables
Ligumi

Artichoke	Carcucuta
Broccoli	Broccoli
Carrot	Carotta
Cauliflower	Cavolfiore
Celery	Celery
Cucumber	Cucumber
Eggplant	L'Albergina
Garlic	Allu
Ginger	Ginger
Mushroom	Funghi
Onion	Cipolla
Parsley	Pretromulu
Pea	Pea
Pumpkin	Zucca
Radish	Ravanu
Salad	Insalata
Shallot	Shallot
Spinach	Spinaci
Tomato	Tomate
Turnip	Turnip

Vehicles
Veiculi

Airplane	Aviò
Ambulance	Ambulanza
Bicycle	Bicicletta
Boat	Barca
Bus	Bus
Car	Car
Caravan	Caravana
Ferry	Ferry
Helicopter	Helicopter
Motor	Motore
Raft	Raft
Rocket	Rocket
Scooter	Scooter
Submarine	Sottmarina
Subway	Metro
Taxi	Taxi
Tires	Pneumatici
Tractor	Trattore
Train	Treni
Truck	Camion

Visual Arts
Arti Visuali

Architecture	Architettura
Artist	Artista
Chalk	Chalk
Clay	Clay
Composition	Cumpusizioni
Creativity	Creatività
Easel	Cavallette
Film	Film
Masterpiece	Capastrola
Painting	Pittura
Pen	Penna
Pencil	Matita
Perspective	Perspective
Photograph	Fotografia
Portrait	Ritrattu
Sculpture	Scultura
Varnish	Vernice
Wax	Cera

Water
Acqua

Canal	Canale
Evaporation	Evapurazione
Flood	Flood
Frost	Frost
Geyser	Geyser
Hurricane	Uraganu
Ice	Ice
Irrigation	Irrigazione
Lake	Lago
Moisture	Umidità
Monsoon	Munson
Ocean	Oceanu
Rain	Piova
River	Fiume
Shower	Doccia
Snow	Neve
Steam	Vapore
Waves	Onde

Weather
Tempu

Atmosphere	Atmosfera
Breeze	Brezza
Climate	Clima
Cloud	Cloud
Drought	A Siccata
Dry	Secca
Fog	Nebbia
Hurricane	Uraganu
Ice	Ice
Lightning	Lumi
Monsoon	Munson
Polar	Polari
Rainbow	Arcobaleno
Sky	Cielu
Storm	Tempesta
Temperature	Temperature
Thunder	Tronu
Tornado	Tornadu
Tropical	Tropical
Wind	Ventu

Congratulations

You made it!

We hope you enjoyed this book as much as we enjoyed making it. We do our best to make high quality games.
These puzzles are designed in a clever way for you to learn actively while having fun!

Did you love them?

A Simple Request

Our books exist thanks your reviews. Could you help us by leaving one now?

Here is a short link which will take you to your order review page:

BestBooksActivity.com/Review50

MONSTER CHALLENGE!

Challenge #1

Ready for Your Bonus Game? We use them all the time but they are not so easy to find. Here are **Synonyms**!

Note 5 words you discovered in each of the Puzzles noted below (#21, #36, #76) and try to find 2 synonyms for each word.

Note 5 Words from *Puzzle 21*

Words	Synonym 1	Synonym 2

Note 5 Words from *Puzzle 36*

Words	Synonym 1	Synonym 2

Note 5 Words from *Puzzle 76*

Words	Synonym 1	Synonym 2

Challenge #2

Now that you are warmed-up, note 5 words you discovered in each Puzzle noted below (#9, #17, #25) and try to find 2 antonyms for each word. How many lines can you do in 20 minutes?

Note 5 Words from **Puzzle 9**

Words	Antonym 1	Antonym 2

Note 5 Words from **Puzzle 17**

Words	Antonym 1	Antonym 2

Note 5 Words from **Puzzle 25**

Words	Antonym 1	Antonym 2

Challenge #3

Wonderful, this monster challenge is nothing to you!

Ready for the last one? Choose your 10 favorite words discovered in any of the Puzzles and note them below.

1.	6.
2.	7.
3.	8.
4.	9.
5.	10.

Now, using these words and within a maximum of six sentences, your challenge is to compose a text about a person, animal or place that you love!

Tip: You can use the last blank page of this book as a draft!

Your Writing:

Explore a Unique Store
Set Up **FOR YOU!**

BestActivityBooks.com/TheStore

Designed for Entertainment!

Light Up Your Brain With Unique **Gift Ideas**.

Access **Surprising** And **Essential Supplies!**

CHECK OUT OUR MONTHLY SELECTION NOW!

- Expertly Crafted Products -

NOTEBOOK:

SEE YOU SOON!

Linguas Classics Team

BESTACTIVITYBOOKS.COM/FREEGAMES